Docteur B. ROUSSY

Directeur-adjoint à l'École pratique des Hautes-Études
(au Collège de France)

Éducation domestique de la Femme et Rénovation sociale

Principaux maux sociaux :
Mortalité et Natalité, Dépopulation, etc.

Principaux remèdes :
Sciences et Arts domestiques,
Salubrité et Hygiène, Puéri-
culture rationnelle intégrale, etc.

*Ouvrage honoré d'une souscription par le Ministère
de l'Instruction publique et des Beaux-Arts.*

PARIS
LIBRAIRIE DELAGRAVE
15, RUE SOUFFLOT, 15

Éducation domestique
de la femme
& Rénovation sociale

EXTRAIT DE LA LISTE

DES PRINCIPAUX TRAVAUX DE L'AUTEUR

Recherches cliniques et expérimentales sur la pathogénie de l'Angor Pectoris par rétrécissement ou occlusion des artères coronaires du cœur. — Thèse pour le doctorat en médecine. Paris, 1881. Derenne, éditeur (*Couronnée par la Faculté de Médecine de Paris*). Épuisé. Prix . . . . **2 fr.** "

Microbes, Ptomaïnes et maladies. — Vol. in-8° de 235 pages. Doin, édit., Paris, 1886. Ouvrage portant le millésime de 1887, mais publié en 1886. Traduit de l'allemand en collaboration. Arrangé et augmenté d'une *Préface*, d'une *Introduction* et de *nombreuses Notes*. Doin, édit., Paris. Prix . . . . **3 fr. 50**

Ptomaïnes et Leucomaïnes. — Revue générale de 63 pages in-4° (composition très compacte en caractères n° 3). — In *Revue des Sciences médicales* de janvier et avril 1888, t. XXXI, pp. 206, 704.

TRAVAUX DE LABORATOIRE. — T. Ier. **Nouveau Matériel de Laboratoire et de Clinique à l'usage des Physiologistes expérimentateurs, Médecins praticiens, Vétérinaires, Anatomistes, etc.** I vol. grand in-8° raisin de 342 pages, avec 54 planches comprenant 85 figures dans le texte. — *Récompensé par l'Institut de France (Académie des Sciences)*. Doin, édit., Paris, 1899. Prix . . . . **7 fr.** "

Les grandes Théories actuelles sur la Pathogénie de la Fièvre (Mémoire historique et didactique (*de 1901*), en 4 chap. de 12 paragraphes). Rousset, édit., 36, rue Serpente, Paris.

Recherches expérimentales sur la Pathogénie de la Fièvre (avec 3 figures dans le texte). 2° édition, 1901, Rousset, édit., Paris.

Théorie générale sur la Nature et les Rôles physiologique, pathogène et thérapeutique des Diastases ou Ferments solubles. 2° édition 1901, Rousset, édit., 36, rue Serpente, Paris.

Ces deux derniers Mémoires, comprenant 76 pages in-8°, lus devant l'Académie de Médecine de Paris (*séances des 12 février et 12 mars 1889*), honorés de ses remerciements (*Bulletin de l'Académie, 12 novembre 1889*), couronnés du *Prix Perron* « décerné, *tous les cinq ans, au Mémoire qui paraît le plus utile au Progrès de la Médecine* » (1890), insérés dans le « Recueil des Mémoires » de cette Académie, t. XXXVII, fasc. Ier, augmentés de *Notes* et de *Remarques* hors texte, sont réunis, ainsi que le précédent, dans l'ouvrage indiqué ci-après :

Aperçu historique sur les Ferments et les Fermentations normales et morbides, s'étendant des temps historiques les plus reculés à 1900. I vol. in-8° de 438 p., 1901, Rousset, libraire-éditeur, 36, rue Serpente, Paris. Prix . . . . **7 fr.** "

Les Progrès de la Science et leurs Volontaires délaissés. — **Projet de réorganisation.** I vol. in-8° de 194 p., 1901, Rousset, libraire-éditeur, 36, rue Serpente, Paris. Prix . . . . **4 fr.** "

Les Universités populaires (Origines, Destination et Avenir). — *Discours-Conférence* prononcé le 10 novembre 1901, pour l'inauguration de l'Université populaire l'*Aube du IV° Arrondissement de Paris*. Paru dans la *Revue Occidentale*, n°s 1 et 2 de 1902, et dans la *Revue internat. de Sociologie*, n° 4 (avril 1902). Broch. in-8° de 14 × 23 cent. de 31 p. à 38 lig. en typ. n° 8, Rousset, éditeur, 36, rue Serpente, Paris, 1902. **1 fr.** "

Science et Démocratie. Brochure in-8° de 32 p. de 40 lignes en 7. In *Revue Occidentale* de 1902 et *Revue internationale de Sociologie* de 1902. Tirage à part, Rousset, éditeur, Paris, 1902.

Notice analytique, sur les principaux travaux scientifiques, publiés par l'Auteur, jusqu'à 1904. 1 vol. in-4° carré de 196 p. avec 58 fig. dans le texte. Rousset, édit., Paris, 1905. Prix. . . . . 9 fr. »

Les vrais rôles sociaux de la Femme opposés au mauvais féminisme. Trois conférences faites devant l'Union des femmes de France et analysées dans le journal *Le Quatrième*, nᵒˢ des 22, 29 mai et 5 juin 1906, 28, rue Saint-Merri, Paris.

Préparation théorique et pratique de la Femme à l'exercice de ses vrais rôles sociaux. Conférence faite devant l'Union des femmes de France, analysée dans le nᵒ du 19 juin 1906 du journal *Le Quatrième*.

Théorie scientifique de la Justice et Bon juge. In *Revue internationale de Sociologie*, mars 1907.

Pelliplanimétrie photographique ou nouvelle méthode pour mesurer rapidement la surface du corps humain vivant. In comptes rendus de l'Académie des Sciences, 8 juillet 1907.

Appareil respiratoire buccal permettant de respirer par la bouche, dans l'eau, les gaz toxiques, etc. In comptes rendus de la Société de Biologie, 8 juillet 1911.

Existence d'une loi géométrique très simple de la surface du corps de l'homme de dimensions quelconques, démontrée par une nouvelle méthode (avec 2 fig.). In comptes rendus de l'Académie des Sciences de Paris, 17 juillet 1911, t. 153, p. 205.

La Déchéance de l'apprentissage, ses maux et ses remèdes. Discours-conférence fait à la distribution des prix aux élèves réunis de toutes les Ecoles publiques du IVᵉ Arrondissement de Paris, le 30 juillet 1911 et publié dans la *Revue positive internationale*, T. 11, 1ᵉʳ septembre 1911, et dans la *Revue internationale de Sociologie* d'octobre 1911. Brochure in-8° Jésus de 23 p. *honorée d'une souscription du Conseil municipal de Paris*, sur la proposition de sa quatrième commission. Giard et Brière, édit., Paris, 1911.

La France prépare son suicide et celui de sa race. Conférence faite le 23 janvier 1913. In journal *L'Alliance républicaine démocratique*, nᵒ du 2 février 1913.

Théorie mathématique de la loi géométrique de la surface du corps de l'homme, de dimensions quelconques. Comp. Rend. Acad. des Sciences. T. 156, p. 1174, 14 avril 1913.

Rapport sur la nécessité d'organiser largement, dans toutes les Ecoles de filles et dans le peuple, l'enseignement théorique et pratique des Sciences et Arts domestiques, de la salubrité et de l'hygiène, ainsi que de la Puériculture et de la Viriculture, intégrales et rationnelles, pour repeupler et régénérer la France. Présenté, le 18 juin 1913, au *Congrès du parti républicain démocratique*, qui en a adopté toutes les conclusions à l'unanimité. *Résumé analytique* en 11 colonnes de 161 lignes chacune, publié dans le journal *L'Alliance républicaine démocratique*, du 15 juin 1913.

Nécessité de créer des canons morphologiques, anatomiques, physiologiques, etc., établissant l'état normal, pour pouvoir apprécier les états anormaux et les dégénérescences. Considérations et problèmes présentés à la Société française d'*Eugénique*, séance du 4 juin 1913. In *Eugénique*, organe de la Société, nᵒ 6 de juin 1913.

Rôle de l'Alcoolisme dans la pathologie sociale. Société française l'*Eugénique*, séance du 3 décembre 1913. In *Eugénique*, organe de la Société, nᵒ 8 de décembre 1913, p. 192 et suivantes.

Cinq méthodes originales réalisées pour mesurer la surface de la peau du corps humain. Mémoire *très sommaire* de 58 p. in-4°, illustré de 43 photographies 13×18 encartées dans le texte, déposé à l'Académie des Sciences de Paris, le 25 décembre 1913 et à l'Académie de Médecine.

La Politique doit obéir à la Morale. Discours prononcé le 18 mars 1914, au grand *Banquet électoral* du Comité du IVᵉ Arrondissement de Paris, du *Parti républicain démocratique*, très succinctement analysé dans le nᵒ du 5 avril 1914 du journal *L'Alliance républicaine démocratique*, et publié *in extenso* dans son nᵒ du 17 mai suivant (400 lig. en 3 grandes col.).

Éducation domestique
de la femme
& Rénovation sociale

> **Principaux maux sociaux :**
> Mortalité et Natalité, Dégénérescence, Dépopulation,
> Ignorance, Anarchie, etc.
>
> **Principaux remèdes :**
> Sciences et Arts domestiques, Salubrité et Hygiène,
> Puériculture et Viriculture rationnelles intégrales,
> Idéal moral et social, etc.

par

le Docteur B. ROUSSY

Directeur-adjoint à l'École pratique des Hautes-Études
(au Collège de France)

*Ouvrage honoré d'une souscription
par le Ministère de l'Instruction publique et des Beaux-Arts.*

PARIS
LIBRAIRIE DELAGRAVE
15, RUE SOUFFLOT, 15

LETTRE-PRÉFACE

A. M. LOUIS BARTHOU

PRÉSIDENT DU CONSEIL DES MINISTRES

MINISTRE DE L'INSTRUCTION PUBLIQUE ET DES BEAUX-ARTS

Monsieur le Président,

En juillet 1912, vous présidiez la séance de la première Commission du Parti républicain démocratique, *celle de l'enseignement, où je travaille.*

*Procédant à la répartition des rapports qui devaient être présentés au prochain Congrès du Parti, vous m'avez fait l'honneur de me proposer l'étude de l'orga-*nisation de l'enseignement de l'Économie ménagère et de la Puériculture *qui fait, depuis longtemps déjà, l'objet de mes préoccupations.*

Je déclarai, à maintes reprises, que, trop absorbé par d'autres travaux importants, le temps me manquerait pour mener à bien une étude aussi compliquée, et que, malgré son grand attrait, je ne pouvais pas m'en charger.

Mais l'aimable insistance que vous avez mise à me faire accepter votre proposition a eu raison de ma résistance.

Très désireux de vous être agréable, de vous montrer ma bonne volonté, en concourant, sous votre haute direction, au succès de l'œuvre commune, j'ai assumé la tâche.

Bien que je lui aie consacré de nombreux et consciencieux efforts, le rapport que j'ai préparé est, certes, loin d'être achevé. J'en sens vivement les imperfections et les lacunes, mais le temps m'a manqué pour mieux faire.

Si, malgré tous ses défauts, il établit, néanmoins, que les maux physiques, moraux et sociaux, dont souffre notre organisme national, sont nombreux, larges et profonds, souvent très graves, il montre aussi l'existence de remèdes efficaces, que nous devons, tous, nous efforcer de vulgariser et d'appliquer.

Après en avoir pris connaissance, la Commission et le Congrès ont bien voulu accueillir ce Rapport avec sympathie et en voter, à l'unanimité, les conclusions.

Permettez-moi de vous le présenter, dans sa nouvelle forme, comme un nouveau témoignage de mon dévouement au Bien public.

Puisse-t-il répondre à vos premiers désirs et mériter à vos yeux votre haute estime. Ce serait là, pour moi, une des plus précieuses récompenses.

En vous exprimant ce souhait, je vous prie, Monsieur le Président, de vouloir bien agréer le nouvel hommage de mon entier dévouement.

Dr Roussy.

Paris, le 1er novembre 1913.

RÉPONSE DE M. LOUIS BARTHOU

———

Monsieur,

Si vraiment, comme vous me le rappelez, ce livre doit quelque chose à mon insistance, je suis heureux d'en avoir provoqué l'idée.

Il était nécessaire et il vient à son heure.

Les problèmes qu'il soulève intéressent, par la conservation de la race, l'avenir même de la France.

Vous les avez abordés avec une courageuse franchise et une haute impartialité, auxquelles rendront hommage tous ceux qui vous liront, dussent-ils ne pas adopter, sur tous les points, les solutions que vous préconisez.

Votre livre est un acte : Je vous en félicite et vous assure, Monsieur, de ma bien reconnaissante et dévouée sympathie.

Louis Barthou.

Éducation domestique

de la femme

et rénovation sociale[1]

§ 1. — Préambule.

Le dernier Congrès de l'Alliance républicaine démocratique de novembre 1911 a accueilli favorablement le vœu suivant que j'ai eu l'honneur de soumettre à son approbation :

Le Congrès,

Considérant :

« *Que l'on ne saurait se borner au souci de donner, à la femme, une profession artistique, industrielle, commerciale, agricole, administrative ou même libérale, etc., comme on le fait généralement de nos jours, encore;*

« *Que la femme doit être méthodiquement préparée à*

1. Ce titre a remplacé l'intitulé suivant, beaucoup trop long pour un volume de librairie, mais qui répond bien au contenu du présent ouvrage :

« Rapport sur la nécessité d'organiser largement, dans toutes les écoles de filles et dans le peuple, l'enseignement théorique et pratique des sciences et arts domestiques, de la salubrité et de l'hygiène, ainsi que de la puériculture et de la viriculture intégrales et rationnelles, pour repeupler et régénérer la France. » (Comptes-Rendus des Travaux du Congrès du *Parti républicain démocratique,* in journal *L'Alliance républicaine démocratique,* n° du 15 juin 1913, pp. 3 et 4, où se trouve un *résumé analytique du Rapport,* en 11 colonnes de 161 lignes chacune).

Le texte du présent volume est le même que celui du Rapport en question, à part quelques rares et courtes additions faites en cours de composition typographique et de corrections.

exercer pleinement la bonne administration économique et hygiénique, artistique et moralisatrice, de son ménage, de même qu'à diriger, avec une large et solide compétence, le développement et l'amélioration du corps, du cœur, de l'intelligence et du caractère de ses enfants, tout d'abord dans leurs premières années, où elle est seule pour les élever, et, dans la suite, avec le concours prépondérant des maîtres de l'enseignement;

« Que la Patrie, et même l'Humanité, ont, au moins autant que la femme et sa famille, tout à gagner à ce qu'il en soit ainsi, le plus possible;

« Émet le vœu :

« Qu'il soit largement organisé, pour elle, dans toutes les écoles de filles ou en dehors de ces écoles, ainsi que dans le peuple, un enseignement théorique et pratique de l'Économie ménagère et de la Puériculture intégrale rationnelle;

« Que cet enseignement soit progressif, mais complet, pour chacune des grandes catégories de positions sociales que la femme peut être appelée à occuper. »

Se rappelant sans doute cette initiative, que j'avais prise devant le Congrès, la première Commission de l'Alliance républicaine démocratique, présidée par M. le député *Louis Barthou,* celle de l'enseignement, m'a fait l'honneur d'insister pour que je me charge de lui présenter, sur cette grande question, un rapport destiné à être discuté au prochain Congrès de l'Alliance.

§ 2. — Définitions de l' « Économie domestique » et de la « Puériculture ».

Dès le début de mon travail, j'ai pensé que, pour mieux concevoir l'organisation désirée de l'enseignement de l'économie ménagère et de la puériculture intégrale, il était nécessaire de se faire une idée complète et précise de ce qu'il faut entendre par ces deux expressions : « *économie ménagère* » et « *puériculture intégrale rationnelle* ».

Après avoir cherché en vain des définitions qui me satisfassent, j'ai pris le parti d'en construire deux que l'on peut formuler ainsi :

L' « *économie ménagère* » est l'ensemble des connaissances théoriques et pratiques qui doivent être appliquées, pour assurer, selon les principes de la salubrité et de l'hygiène, de l'économie et du bon goût artistique, de l'Idéal moral et social de la Patrie, la satisfaction des besoins fondamentaux d'un seul ou de plusieurs des membres d'une même famille vivant en commun, au même *foyer*.

D'autre part, la « *puériculture intégrale rationnelle* » est, de même, l'ensemble des connaissances théoriques et pratiques positives que l'on doit appliquer pour assurer, sans cesse, la multiplication, le développement et l'amélioration des qualités du *corps*, du *cœur*, de l'*intelligence* et du *caractère* ou *volonté* des enfants, afin de mieux assurer, ensuite, l'extension nécessaire et le perfectionnement de leur famille et de leur Patrie, et, conséquemment, l'approche progressive du grand Idéal moral et social qu'elles aspirent à réaliser.

En somme, nous voyons, par ces deux définitions, que l'économie ménagère, comme la puériculture, font, ou, en bonne logique, doivent faire converger leurs efforts, toutes leurs tendances, vers le même but suprême, qui consiste, non seulement à protéger l'individu, la famille, la Patrie, et, finalement, l'espèce humaine et l'humanité tout entière, contre le malheur, la maladie, la dégénérescence et la mort, mais encore, à assurer, à chacun de ces êtres, individuels ou collectifs, les jouissances de l'existence et de la santé, de la vigueur et de la puissance, du libre développement et du perfectionnement, à leur assurer, en un mot, sous toutes leurs formes, les jouissances du vrai bonheur, dans la perspective infinie de l'avenir.

Et c'est précisément parce que notre chère France, tout comme les familles et les individus qui la constituent, souffre des maux les plus redoutables, qui l'affaiblissent sans cesse et qui menacent de la réduire, avant bien longtemps, à l'état de nation de plus en plus petite, au milieu des nations rivales de plus en plus grandes, si toutefois ces nations ne suppriment pas jusqu'à sa propre existence nationale, c'est pour toutes ces raisons, que la rénovation de l'économie ménagère et de la puériculture, c'est-à-dire la régénération de la famille, qui restera toujours la clef de voûte de toute société, s'impose nettement aujourd'hui, à tous les patriotes prévoyants, à tous les bons Français.

§ 3. — Divisions de l'ouvrage.

Pour démontrer pleinement combien sont fondées ces vérités et ces craintes, ainsi que pour justifier la nécessité et la possibilité d'y remédier, en organisant solidement et largement, dans toute la nation, l'enseignement théorique et pratique de l'économie domestique, de l'hygiène individuelle, familiale et sociale, ainsi que celui de la puériculture, je me propose d'exposer l'ensemble de la question, en six séries d'arguments dans l'ordre ci-après :

1° Les principaux maux nationaux engendrés par la mauvaise organisation de l'économie domestique, ainsi que par la profonde ignorance de la salubrité, de l'hygiène et de la puériculture, ignorance qui imprègne la masse du peuple;

2° Les conséquences qui découlent fatalement de ces maux pour la France;

3° Les remèdes employés, pour les combattre ou les éviter, par les nations étrangères qui en souffrent à divers degrés;

4° Ce qui a été fait, par la France, pour combattre les maux dont elle souffre;

5° Ce qui reste à faire à la France, pour remédier efficacement et sûrement à ses maux, ainsi que pour rénover l'énergie de sa vitalité et de son développement;

6° Les vœux proposés au Congrès pour stimuler l'application des remèdes reconnus les meilleurs.

PREMIÈRE PARTIE

LES GRANDS MAUX DONT SOUFFRE LA FRANCE

§ 1. — De la dépopulation.

De tous les maux dont souffre actuellement la France, le plus redoutable et le plus inquiétant, c'est assurément la *dépopulation.*

Bien que, d'après les statistiques officielles portant sur le XIXe siècle, la durée moyenne de la vie humaine se soit continuellement élevée, sous l'influence de l'amélioration des conditions de la salubrité et de l'hygiène, en passant de 38 ans et demi, qu'elle était en 1817, à 46 ans et 4 mois pour l'année 1904, bien que cette moyenne ait gagné ainsi 7 ans et 8 mois dans l'espace de 87 ans, cependant, la population française reste presque stationnaire.

En effet, depuis 1851, où elle était de 35 millions, elle n'a augmenté que de 4 millions seulement.

Bien plus, cette très faible progression n'a pas cessé de diminuer pendant cette longue période de 62 ans, si bien qu'actuellement, et même depuis une vingtaine d'années, elle tend nettement à disparaître pour faire place à une régression.

Ce phénomène est directement engendré par deux causes principales, qui sont :

1° *Une mortalité beaucoup trop forte :* la **Nimimortalité**[1] ;

---

1. Expression nouvelle que je propose, pour remplacer la circonlocution correspondante, et qui vient de *nimius,* excessif, et *mortalitas,* mortalité ou nombre de morts.

2° *Une natalité beaucoup trop faible :* la **Paucinatalité** [1].

Ces deux causes sont dues, elles-mêmes, à d'autres causes
plus reculées qui découlent, plus ou moins directement de la
déplorable organisation de l'économie ménagère, de l'ignorance de la puériculture et de l'hygiène, que nous examinerons
plus tard.

§ 2. — La mortalité générale.

D'après le dernier rapport officiel publié le 20 septembre
1912 par M. Mirman, directeur de l'Assistance et de l'Hygiène
publiques [2], la *mortalité générale* de la France a oscillé, de
1906 à 1910, entre 704.770 (1910) et 793.467 (1907), ce qui
donne une moyenne totale de 755.154 décès, par an, et une
mortalité moyenne partielle, pour 1000 habitants, de 19 décès
27.

C'est là une mortalité très élevée, surtout si on la compare
à celle des nations voisines.

Certains auteurs estiment que, sur la mortalité moyenne
totale, 300.000 décès environ, sont prématurés, c'est-à-dire
qu'ils se produisent au-dessous de la durée moyenne de la vie,
qui, nous l'avons vu, est de 46 ans et 4 mois environ.

On peut affirmer que, sur les 300.000 décès prématurés,
150.000, au moins, pourraient être évités, chaque année, si la
population se conformait aux lois de l'hygiène et de la salubrité.

1. Autre expression nouvelle, que je propose, pour remplacer la circonlocution correspondante, et qui vient de *pauci,* peu nombreux, et *natalis,* nouveau-
nés ou natalité.

2. Rapport présenté à M. le ministre de l'Intérieur. *In Journal officiel* du
20 septembre 1912.

PRINCIPALES CAUSES
DE LA MORBIDITÉ ET DE LA MORTALITÉ NIMIMORTALITÉ

CHAPITRE I

MORTALITÉ DES ADULTES

§ 1. — La tuberculose et ses ravages.

De toutes les causes immédiates qui engendrent la morbidité et la mortalité générales, celle qui frappe et retient le plus l'attention de tout le monde, c'est assurément la *tuberculose*.

Cette terrible maladie est très répandue partout, mais en France plus que dans toute autre nation. C'est ainsi que, pour 1000 cas que l'on compte en Angleterre et 2000 en Allemagne, deux pays où l'hygiène est très cultivée, on en compte 3000 dans notre pays où l'hygiène et la salubrité sont moins répandues.

D'après le rapport de M. Mirman (*loc. cit.*), alors qu'il y avait 217 décès par tuberculose sur 100.000 habitants, en France, il n'y en avait en 1909, que 168, en Allemagne, 166, en Italie, 162, en Espagne, 160, dans les Pays-Bas, 146, en Angleterre, 139, en Belgique.

Les spécialistes estiment que 25 % de notre population totale et 50 % de la population parisienne sont atteints, à divers degrés de développement, de *tuberculose latente,* qui ne demande qu'à se déclarer ouvertement, quand les mauvaises conditions de salubrité et d'hygiène sont établies.

Ils estiment aussi, avec *Brouardel*, que, sur l'ensemble des tuberculeux, plus de 750.000 sont sûrement atteints de tuberculose pulmonaire, et que, chaque année, 150.000 de ces tuberculeux succombent de leur maladie.

Dans son rapport du 20 septembre 1912 M. *Mirman,* directeur de l'Hygiène et de l'Assistance publiques de France, tend à établir que ce dernier nombre serait trop fort, et que la mortalité totale par tuberculose se serait même abaissée à 85.088, dans le cours de l'année 1910.

Mais cet abaissement énorme de la mortalité a été contesté de divers côtés.

On a soutenu, et non sans raison, que, si les diagnostics de tuberculose et les statistiques étaient à peu près bien faits dans les grandes villes, il n'en était pas de même dans les campagnes où il n'existe pas de service de vérification des décès, où les renseignements mortuaires sont plus ou moins mal donnés ou enregistrés.

On a fait ressortir que beaucoup de familles s'efforcent de cacher l'existence de la tuberculose parmi leurs membres et que cette maladie est déclarée sous un autre nom, tel que *bronchite chronique, pneumonie,* etc.

En 1909, par exemple, il y aurait eu 115.781 décès dus aux *affections pulmonaires* autres que la *tuberculose,* dont 16.625 de *bronchite chronique,* 18.389 de *bronchite aiguë,* 38.708 de *pneumonie,* 12.069 de *maladies diverses* de l'appareil respiratoire[1].

On doit admettre qu'un grand nombre de *décès par tuberculose* ont été confondus dans l'une ou l'autre de ces catégories.

Il est bien évident que ces différents facteurs sont de nature à fausser largement les statistiques, même les statistiques officielles.

---

1. *La mortalité tuberculeuse ne diminue pas.* In *Tuberculosa.* Revue internationale mensuelle des maladies respiratoires et bacillaires, n° 20, 10 septembre 1913.

§ 2. — La tuberculose ne diminue pas à Paris. Elle augmente dans la banlieue.

Récemment encore, M. le Dr *Dieupart,* qui s'est spécialisé dans la question, a repoussé énergiquement les conclusions du rapport officiel de M. *Mirman.*

Il s'est efforcé de démontrer [1] qu'à Paris, depuis 1880, la mortalité par tuberculose n'a pas diminué, malgré tout ce qui a été fait pour combattre la terrible maladie et ses causes.

Cette mortalité serait toujours, même en 1913, à très peu près, de 1/4 à 1/5 de la mortalité totale. Sur 100 décès de toutes causes, il y en aurait 20 à 25 dus uniquement et sûrement à la *tuberculose.*

Mais, si l'on ajoute à cette quantité, les décès qui sont attribués, dans les statistiques, aux autres affections pulmonaires, plus ou moins bien diagnostiquées et considérées comme non tuberculeuses, telles que la *bronchite aiguë,* la *bronchite chronique,* la *pneumonie,* etc., la proportion s'accroît énormément.

Elle atteint, à Paris, 42,5 % des décès de toutes origines. C'est presque la moitié de la mortalité générale.

D'autre part, il résulte des travaux tout à fait récents [2] de la commission officiellement constituée, par le conseil général de la Seine, pour étudier les ravages engendrés par la *tuberculose* dans le département de la Seine et y organiser la lutte contre cette *terrible faucheuse* que :

1° La tuberculose augmente sensiblement dans la banlieue de Paris, surtout dans les communes très peuplées;

2° Dans 20 communes sur 27 de l'arrondissement de Saint-Denis, on a enregistré une aggravation de ses ravages, c'est-à-dire une augmentation de la mortalité tuberculeuse;

---

1. *La mortalité tuberculeuse ne diminue pas.* In *Tuberculosa.* Revue internationale mensuelle des maladies respiratoires et bacillaires, n° 20, 10 septembre 1913.

2. *Rapport fait au nom de la Commission de la tuberculose,* et présenté par M. le conseiller général *Ambroise Rendu,* n° 22, du 6 décembre 1913. Ce rapport général a été basé sur les rapports de trois sous-commissions composées de médecins spécialistes, ainsi que sur les *statistiques officielles* dressées par M. le Dr *A. Fillassier,* chef des travaux de la statistique municipale.

3° Dans 17 communes sur 29 de l'arrondissement de Sceaux, moins peuplé que le précédent et généralement habité par une population bourgeoise riche, on a constaté ce regrettable mouvement ascendant de la maladie et de la mortalité.

Enfin, dans une étude statistique portant sur les deux arrondissements du département de la Seine et comprenant 56 communes, M. le Dr *A. Fillassier,* chef des travaux de la statistique municipale, a démontré [1] que :

Dans l'arrondissement de Saint-Denis, le nombre des décès par *tuberculose,* qui était, en 1896, de 14,7 pour 100 décès de toutes causes ou de 332 pour 100.000 habitants, a atteint par progression continue, le pourcentage de 18,9 en 1911, soit une augmentation de 4,2 %, et 398 pour 100.000 habitants, soit 66 de plus qu'en 1896.

Dans l'arrondissement de Sceaux, région très salubre et relativement peu et mieux habitée, le pourcentage qui était de 12 décès 33 par tuberculose pour 100 décès de toutes sortes, ou de 297 pour 100.000 habitants, en 1896, s'est élevé, en 1911, à 14,58 pour 100 décès et à 330,2 pour 100.000 habitants.

Ainsi donc, cela est évident, loin de diminuer ses ravages, la tuberculose ne fait que les étendre.

Il en est, en général, des autres communes de France, comme de celles du département de la Seine. Partout, le corps médical rural constate l'extension du fléau engendré par la *grande faucheuse.*

Toutes les statistiques sont d'accord pour démontrer que cette terrible maladie frappe surtout les personnes âgées de 20 à 40 ans, c'est-à-dire la meilleure partie de notre population, celle qui est la plus robuste et la plus capable d'assurer, non seulement la force défensive de la Patrie, mais aussi sa prospérité économique, la multiplication de ses enfants et l'extension de notre race.

Sur l'ensemble des personnes âgées de 20 à 40 ans qui

---

1. *Mortalité par tuberculose pulmonaire, en banlieue, en 1896 et en 1911 :* 1° Mortalité rapportée à 100 décès de toutes causes ; 2° Mortalité rapportée à 100.000 habitants présents ; dans chaque arrondissement par commune. *Annexe n° 4 des* travaux de la *Commission de la tuberculose,* dressée le 4 décembre 1913.

meurent, chaque année, près de la moitié sont tuées par la tuberculose, exactement plus de 42 % des décès [1].

C'est la constatation de ces faits qui a fait écrire au professeur *Landouzy* [2] que la *tuberculose* est une maladie sociale désastreuse qui cause, chaque année, aux familles et à la communauté, *plus de 100 millions de pertes*.

§ 3. — Causes de la tuberculose.

La tuberculose, qui est la principale cause de la morbidité et de la mortalité, en France, tient, elle-même, à des causes multiples bien connues, qui découlent, toutes, de l'ignorance ou de l'inapplication des règles les plus fondamentales de la salubrité et de l'hygiène individuelle, familiale ou sociale.

Elle tient, surtout, au dérèglement ou au non-règlement de la vie individuelle et familiale, à la désorganisation ou à la mauvaise organisation de l'économie ménagère, considérée dans sa totalité, comme dans ses détails.

Telles sont, parmi les principales causes :

La mauvaise ou insuffisante alimentation;

La débauche et l'abus de certains plaisirs;

Le surmenage physique et intellectuel;

L'insalubrité des maisons, des logements et des ateliers ouvriers;

L'état habituel de malpropreté ou de saleté des individus, de leur corps comme de leur linge, de leurs vêtements et de tout leur mobilier;

La promiscuité et la contagion, etc.

§ 4. — Mauvaise alimentation.

L'alimentation est, en général, pour ne pas dire dans tous les cas, fort mal comprise, à tous les degrés de l'échelle sociale.

Les riches s'abreuvent, trop souvent, de toutes sortes d'ali-

1. Landouzy, *La tuberculose, maladie sociale*, Paris, 1903.
2. Landouzy, *loc. cit.*

ments de choix, et se rendent malades par leurs excès de nourriture solide ou liquide.

Les ouvriers et les employés, de leur côté, se rendent encore plus facilement malades par l'insuffisance ou le mauvais choix de leurs aliments.

Ceux qui ne s'occupent pas spécialement de la question alimentaire ne peuvent pas se faire une idée, même approximative, des fautes plus ou moins graves qui sont constamment commises par les individus de l'une et de l'autre catégorie.

La mauvaise alimentation chez les ouvriers et employés. Considérons, tout d'abord, ce qui se passe dans la classe des ouvriers et des employés.

Déjà, dans ma pratique médicale, j'avais eu, bien souvent, l'occasion de constater combien irrationnelle était l'alimentation des ouvriers et des employés que j'avais eu à soigner.

Mais les preuves les plus frappantes ont été méthodiquement exposées dans un fort intéressant travail fait par le professeur *Landouzy,* doyen de la Faculté de Médecine de Paris, avec la collaboration de MM. les docteurs *Henri* et *Marcel Labbé*[1].

L'enquête a porté sur 104 ouvriers ou employés des deux sexes, de Paris et de sa banlieue, soit 45 hommes appartenant à 42 professions différentes et 49 femmes réparties en 49 professions les plus variées.

Le *salaire quotidien moyen des hommes* était de 4 fr. 87, sur lesquels étaient prélevés : 0 fr. 74 pour le logement, 1 fr. 14 pour la nourriture solide, et 1 fr. 24 pour les différentes boissons.

Le *salaire quotidien moyen des femmes* ne dépassait pas 2 fr. 40, dont 0 fr. 50 étaient consacrés au logement, 0 fr. 92 aux aliments solides, et 0 fr. 24 aux aliments liquides.

Il se dégage, de cet aperçu général, que la dépense faite pour la nourriture est très élevée, surtout du côté masculin, où elle dépasse la moitié du salaire moyen.

---

1. *Enquête sur l'alimentation d'une centaine d'ouvriers et d'employés parisiens,* etc., Masson, édit., Paris, 1905.

Les premiers dépensent beaucoup trop pour les boissons et ne peuvent consacrer une somme suffisante pour se payer la nourriture solide qui leur est nécessaire, en quantité et en qualité. Ils ne peuvent prendre que des aliments peu substantiels et plus ou moins malsains, quoique très coûteux.

Quant aux secondes, bien qu'elles soient très sobres de boissons et qu'elles aient, à peu près, les mêmes besoins nutritifs, et, souvent même, des besoins supérieurs, si elles allaitent en travaillant, ou si elles sont dans leur période de croissance, le salaire moyen journalier qui leur est alloué ne leur permet pas de les satisfaire.

Les fautes alimentaires sont encore plus frappantes, si l'on considère les *ouvriers spécialisés dans les travaux de force,* tels que charpentiers, terrassiers, forts des halles, coltineurs, ouvriers du fer, portefaix en général, etc.

Dans cette catégorie spéciale, la dépense de nourriture atteint 4 fr. 50 par jour, dont la plus grande partie, les deux tiers environ, est employée en boisson (vin, absinthe, alcool, liqueurs, etc.).

D'une façon générale, on peut dire que, surtout dans le monde masculin, l'on mange trop de viande et pas assez de légumes, ni de féculents, que l'on boit surtout beaucoup trop de vin, d'apéritifs, de liqueurs et d'alcools (eau-de-vie, rhum, etc.).

Quant aux femmes (ouvrières et employées) elles sont, en général, trop privées des bons aliments (viande, pain, féculents, pâtes, soupes, etc.), et elles mangent beaucoup trop des aliments peu nourrissants, tels que salades, radis, vinaigrettes, cornichons, crudités diverses, fruits de mauvaises qualités, etc.

De plus, elles ne font le plus souvent, avant de commencer leur travail, aucun repas ou qu'un *repas très négligé,* ce qui est tout à fait contraire aux règles de l'hygiène. Et plus malheureusement encore, on pourrait presque en dire autant du repas du soir.

Enfin, on peut ajouter que, tout en étant mal combinés, et, le plus souvent insuffisamment nourrissants, peu ou pas en rapport avec les travaux à accomplir, ces aliments ont le grand inconvénient de coûter cher.

Étant donné son salaire, on peut affirmer que le travailleur parisien en dépense une partie beaucoup trop grande pour être mal nourri.

Presque dans tous les cas, le consommateur s'inspire, pour choisir ses aliments, beaucoup plus de ses goûts, de la routine, de ses caprices, de son appétit, que de leur *valeur nutritive,* qu'il ignore, du reste, profondément, dont il n'a même aucune idée rationnelle.

Les repas combinés dans un tel esprit sont, presque toujours, insalubres, irrationnels, insuffisants, quoique, parfois, abondants. Ils sont peu ou pas du tout en rapport avec le genre de travail à accomplir.

Aussi, les *conséquences physiologiques* qui découlent nécessairement de ces déplorables habitudes alimentaires sont-elles funestes pour la vigueur et la bonne santé des travailleurs.

Telles sont, par exemple, les altérations du tube digestif et de ses annexes (de la muqueuse gastrique et du foie tout particulièrement), les dyspepsies et les intoxications alimentaires qui en découlent.

Telles sont aussi les altérations des organes de la circulation (cœur graisseux, artério-sclérose, athéromes, congestions et inflammations des méninges, etc.).

Tels sont, enfin, les lésions et les troubles physiologiques, encore plus graves, qui consistent dans l'usure irréparée de l'organisme, l'épuisement de ses forces, la misère physiologique et la déchéance du corps, qui ouvrent la porte à toutes les infections, au premier plan desquelles se trouve la *terrible tuberculose.*

§ 5. — Rôle attribué au pain blanc dans la déchéance et la pathologie de la race française.

A. — LE PAIN EST LA BASE DE L'ALIMENTATION.

La question formulée sous ce titre de paragraphe est aussi, sans aucun doute possible, une des plus graves de celles qui sont actuellement mises à l'ordre du jour, par les *hygiénistes*.

C'est qu'elle intéresse, non pas seulement une catégorie d'individus plus ou moins grande, comme celle des buveurs d'alcool, mais bien tout le monde, depuis les plus jeunes, jusqu'aux plus âgés, parce que tous se nourrissent plus ou moins largement de pain.

Tout récemment encore, sur une intéressante publication du *Dʳ Montuuis*[1] énergiquement préfacée par le *Dʳ Letulle*[2], professeur à la Faculté de Médecine de Paris, membre de l'Académie de Médecine, cette grave question a fait l'objet d'une vive polémique, entre le *Syndicat de la boulangerie*, représenté par M. *Virat*, son président, secondé par le *Conseil de direction de l'Association nationale de la meunerie française*, l'une et l'autre corporation partisantes acharnées du *pain blanc*, d'une part, et MM. *Ambroise Rendu*, président de la *Commission mixte de l'alimentation du Conseil municipal de Paris*, le *Prof. Dʳ Vallin*, membre de l'Académie de Médecine de Paris, *Schweitzer*, préconiseur du *pain vital*, *Dʳ Montuuis, E. Lenglet*, etc., tous, partisans non moins acharnés du *pain naturel* d'autre part.

La question mérite assurément de retenir l'attention et de provoquer notre examen.

Si peu qu'on y réfléchisse, on comprendra facilement que la constitution chimique des humeurs et de la matière vivante est nécessairement intimement liée à la composition et à la constitution chimiques des aliments.

Le fonctionnement, la *santé*, la *vigueur*, la *faiblesse* ou la *maladie*, de notre organisme, dépendent, dans une très large mesure, des *qualités des aliments* solides ou liquides que nous consommons.

Le *pain*, et tout spécialement le *pain de blé*, est un des aliments les plus fondamentaux des Européens ou des nations d'origine européenne.

On peut affirmer qu'il représente, à lui seul, la *principale*

---

1. *Le pain blanc, ses dangers et son remède : le pain naturel.*
2. *Un péril national : le pain blanc* (*Le Matin* du 4 décembre 1913).

base de l'alimentation des Français, qui sont de grands mangeurs de pain.

Cela tient, évidemment, non seulement à ce que l'Europe, et tout particulièrement la France, sont des pays grands producteurs de blé, mais encore et surtout, à ce que le *blé* est un des plus *nutritifs*, le plus riche, le plus puissant parmi les aliments que nous connaissons.

B. — VALEUR NUTRITIVE DU BLÉ.

D'après les analyses de six blés différents, dont cinq sont dues à MM. *A. Villiers, Eugène Collin* et *Fayolle*[1] et une à M. *E. Lenglet*[2], 100 grammes de blé contiennent en moyenne, *85 gr. 02 % de matières nutritives,* qui se répartissent ainsi :

	Pour 100 gr. de blé.
Matières azotées insolubles (gluten) et solubles	10,21
Amidon (autres sucres non compris)	58,08
Graisses	1,64
Matières minérales	1,47
Eau	13,62
	85,02

Le résidu non utilisable pour l'alimentation de l'homme (*cellulose* représentée par l'enveloppe du grain de blé connue sous le nom de *son*, etc.) serait de 14 gr. 98 %.

Ces résultats analytiques sont très voisins de ceux, ci-après relatés, obtenus au moyen de la séparation mécanique expérimentale la plus parfaite, par *Aimé Girard,* qui s'est très longtemps spécialisé dans l'étude de la question :

	Pour 100 gr. de blé.
Enveloppe du grain	14 gr. 36
Germe	1 gr. 43
Amande farineuse	84 gr. 21
	100 gr. 00

1. *Traité des falsifications et altérations des substances alimentaires,* Doin, édit., Paris, 1909.

2. *Ce que doit être le pain. Presse médicale,* 18 février 1913.

Si l'on défalque les 14 gr. 36 de l'enveloppe *inutilisable* dans l'alimentation humaine, on voit qu'il reste *85 gr. 64* de *parties nutritives,* quantité très voisine de celle donnée plus haut.

C. — SUBSTANCES RARES PRÉCIEUSES POUR LA NUTRITION.

Parmi les 84 ou 85 grammes de *matières nutritives,* il y en a plusieurs qui doivent fixer tout particulièrement l'attention. Telles sont :

1° Le *gluten,* une matière azotée que certains auteurs qualifient de *chair vivante,* pour bien souligner la haute importance qu'on lui attribue;

2° Le *germe* et son *assise nutritive,* qui contiennent quelques substances rares de la plus haute valeur alimentaire, telles que *aleurone, graisses phosphorées, ferments, oxydases, sels minéraux.*

Dans un travail relativement récent, M. *Rengniez*[1] a fait une étude intéressante des combinaisons phosphorées **du** *germe,* qui s'y trouvent à l'état d'*acide phosphorique lécithique,* d'*acide phosphorique* combiné aux *albumines phosphorées,* d'*acide anhydro-oxyméthylique diphosphorique.*

D. — PUISSANCE ALIMENTAIRE DU PAIN COMPLET DE MÉNAGE.

Toutes ces substances sont autant de *sources précieuses d'énergie.* Elles donnent, au pain, une *haute valeur alimentaire,* qui est éminemment propre à *réparer l'usure* du corps et à entretenir la *santé.*

Mais, pour qu'un tel pain contienne la totalité ou la presque totalité de ces puissantes *substances alibiles,* il est nécessaire qu'il ne soit fabriqué qu'avec la *pure farine de blé,* et, de plus, que cette farine soit constituée par les *84 à 85 grammes* des matières nutritives, qui se trouvent dans 100 grammes de grains de blé.

---

1. *De l'acide phosphorique dans les principales farines commerciales.* Thèse pour le doctorat en pharmacie, Paris, 1911.

Un tel pain était préparé par nos pères et la longue série de leurs aïeux, au moyen de la *farine complète,* pulvérisée à la *meule,* et simplement purifiée, par un blutage convenable, des 14 à 15 % de la *cellulose* ou *son* et autres matières azotées ligneuses qui s'y trouvent à l'état brut.

Ce pain, qui est le vrai et seul *pain naturel,* parce qu'il est fait avec de la *pure farine complète de blé,* a reçu des noms très variés, suivant les régions ou les auteurs qui s'en sont occupés. On l'a appelé ou on l'appelle encore *pain bis, complet,* de *ferme,* de *métayer,* de *campagne* ou de *paysan,* de *ménage,* de *deuxième qualité, vital, naturel,* etc.

Sa couleur est blanc-crème, mais de nuance légèrement variable, suivant l'origine du blé.

Il ne contient que *0 gr. 35, de son,* au plus, pour 100 grammes de farine.

Il est très *digestible* et très *assimilable,* parce que la *farine complète,* dont il est fait, renferme beaucoup de *diastases* ou *ferments solubles,* toutes les diastases du grain de blé, dont l'activité, poursuivie. dans la pâte, jusqu'au moment où elle atteint, pendant la cuisson, 70° à 80°, a largement transformé ou modifié l'*amidon* qui en constitue la masse.

Ce pain possède les *trois qualités* tout à fait fondamentales qu'il doit avoir : il est, à la fois, *très nourrissant, très excitant* et *très reminéralisateur,* grâce à sa richesse en *hydrates de carbone* (amidon, sucres, etc.), en *matières azotées* (gluten, aleurone, etc.), en *phosphore organique* et en *sels divers.*

Proprement préparé et bien cuit, il garde longtemps ses précieuses propriétés organoletiques.

Conservé à l'abri de l'humidité et de la sécheresse, son goût reste agréable, pendant plusieurs jours.

Ce *pain naturel* est l'*aliment par excellence,* le seul qu'une *bonne ménagère,* intelligente et avertie, vraiment soucieuse de la santé des siens, comme de la sienne, *doive consommer et faire consommer à toute sa famille.*

E. — PRINCIPALES RAISONS DE LA SUBSTITUTION DU PAIN BLANC AU PAIN DE MÉNAGE.

Il en serait sans doute ainsi, si, bien plus encore que le véritable esprit de progrès et d'intérêt général, la *spéculation financière,* industrielle et commerciale, toujours plus avide de réaliser de plus gros bénéfices, n'avait pas introduit, il y a une *quarantaine d'années,* dans les anciens procédés de *mouture,* de *blutage* et de *panification,* de profondes modifications qui ont eu, jusqu'ici, beaucoup plus de *mauvaises conséquences* que de bonnes, pour la santé publique et l'économie sociale bien entendues.

En vérité, les prétextes invoqués pour justifier ces profondes modifications ne manquent pas de justesse.

On a fait ressortir tout particulièrement et non sans raison, que, depuis longtemps, les meuniers et les boulangers se plaignaient de ce que les *farines impures* extraites au rendement de 80 à 84 % du blé moulu à la meule, étaient *trop jaunes,* parce qu'elles contenaient *trop de son,* que le pain qu'elles donnaient n'était pas assez *blanc,* et que, surtout, elles se conservaient difficilement, qu'elles *rancissaient,* etc.

Le chimiste *Aimé Girard,* qui s'est spécialisé dans l'étude de la question, s'est efforcé d'expliquer ces faits en soutenant que :

L'enveloppe du grain de blé et son germe renferment un *ferment soluble,* la *céréaline,* qui, en solubilisant le *gluten,* donne, à l'amidon, une couleur *gris-sale* qui persiste sur la pâte et le pain cuit ;

Le *germe* contient, de plus, une *huile parfumée* qui, au contact de l'air, rancit et altère la farine.

C'est, en apparence, pour remédier à ces divers inconvénients, que l'*Industrie mécanique hongroise* a commencé à remplacer, il y a à peu près *40 ans,* les anciens procédés de *mouture à la meule,* par des nouveaux procédés de *mouture au cylindre.*

Ces derniers procédés débarrassent, en effet, la farine du *son* et aussi, en grande partie, du *germe* incriminés, pour ne laisser passer que le centre de l'amande, c'est-à-dire du grain de blé.

F. — GRAVES DÉFAUTS DE LA « FLEUR DE FARINE » ET SPÉCULA-TION SUR LA RICHESSE NUTRITIVE DES « ISSUES ».

La farine commerciale ainsi obtenue est très blanche et presque uniquement constituée par de l'*amidon*.

Son extraction du grain ne se fait qu'au très faible rendement de 50 à 70 %, en moyenne 60 %.

C'est là la « farine de premier jet » ou *fleur de farine*.

Elle ne contient plus que 0 gr. 28 à 0 gr. 72 de cellulose, mais elle a perdu la plus grande partie, sinon la totalité, du *gluten*, des *protéines*, des *combinaisons phosphorées*, des *sels minéraux*, des *graisses*, des *diastases*, etc., *toutes substances si nutritives*, qu'elle aurait dû renfermer.

Ces précieuses substances sont restées à côté du son, dans les *issues*, pour constituer des *résidus* d'une *grande richesse nutritive* que les meuniers vendent fort cher, pour engraisser les porcs ou d'autres animaux.

Ceux qui se sont occupés de cette grave question, le professeur *Letulle* en tête, ont fait ressortir, en termes très énergiques, que ces commerçants avaient réalisé et continuent à réaliser ainsi, des *profits colossaux, scandaleux*, de *vrais trésors*, et cela, au détriment de la santé du peuple qu'ils *exploitent sans vergogne*, en lui donnant le néfaste conseil de rejeter l'excellent *pain de ménage*, pour ne manger que du *pain blanc* fait avec la « fleur de farine », la *farine de luxe*.

Si cette farine, presque uniquement composée d'amidon, présente une grande blancheur et se conserve bien, elle comporte aussi de graves inconvénients pour la *panification*.

Employée seule, sa pâte se *lie mal* et elle donne un pain *trop blanc* et *trop léger*.

Mais la boulangerie remédie facilement à ces inconvénients en faisant *d'ingénieux truquages* et même de *savants mélanges*, avec la « fleur de farine », les farines de *gruau*, d'*orge* et même de *fèves*.

Grâce à ces *fructueux coupages,* on obtient un pain blanc-crème, dont la mie est très fine, l'aspect très beau et fort appétissant.

G. — GRAVE INSUFFISANCE NUTRITIVE DU PAIN BLANC.

Il faut reconnaître qu'il plaît infiniment au consommateur ignorant. Il lui plaît tellement qu'il ne veut plus en manger d'autre, quand il en a goûté.

Même dans nos petites villes, et jusque dans nos campagnes, nos petits citadins et nos paysans abandonnent de plus en plus leur excellent pain de ménage, pour ne consommer que du *pain blanc* et cela, bien qu'ils sachent qu'il est *impossible de le conserver.*

Malheureusement ils ne savent pas ce qu'ils mangent. Ils ignorent que ce beau pain blanc n'est qu'un pain d'apparence, un *pain artificiel* bien inférieur au vieux *pain de ménage,* au véritable *pain naturel.*

Il faut leur apprendre que ce pain, si agréable à l'œil et au goût, quand il est frais, a été volontairement *dépouillé* de la plus grande partie des *propriétés nutritives, excitantes* et *reminéralisatrices,* que possède à un haut degré le *pain naturel,* qu'il est incapable de réparer convenablement leurs forces usées par le travail de chaque jour, qu'il est presque uniquement composé d'amidon, le plus souvent mal cuit, par nos excellents boulangers, qui, naturellement, trouvent de *bons profits* à vendre de l'eau pour du pain, que cet amidon mal cuit est *fort indigeste,* qu'il irrite la muqueuse du tube digestif, en déterminant des *troubles morbides* variés.

Sans doute, les intéressés du commerce n'ont pas manqué de faire ressortir que, conformément aux données de la science, ce pain d'amidon, c'est-à-dire d'hydrate de carbone, bien digéré, absorbé, assimilé et brûlé, pendant le travail de l'organisme, est capable d'y engendrer autant de *calories* que le *pain naturel,* dit de ménage, fait avec la farine complète extraite au rendement de 80 à 85 % de blé.

Si, en se plaçant au point de vue spécial de la *thermo-*

génèse, on peut admettre, selon la théorie physico-chimique,
le bien-fondé de cette remarque, il faut bien se garder aussi
de perdre de vue que le *pain blanc,* fait avec une farine qui
a été très largement, sinon entièrement, dépouillée des précieuses substances nutritives citées plus haut et incluses dans
le germe du grain de blé ou accumulées sur la face interne de
son enveloppe, est loin de posséder les propriétés excitantes
et reminéralisatrices qu'il pourrait et devrait avoir, au même
degré que le *pain naturel.*

H. — ROLE ATTRIBUÉ AU PAIN BLANC DANS LES MALADIES.

Depuis longtemps, tous ceux qui, dans le corps médical,
se sont occupés de cette grave question d'hygiène alimentaire
et sociale, ont proclamé la haute supériorité nutritive du *pain
naturel* et *condamné* l'usage courant, quotidien, du *pain blanc.*

Ils se sont efforcés d'établir et de faire ressortir que ce pain
représente un *aliment très illusoire,* dont l'usage habituel
contribue largement à préparer, à entretenir et à augmenter
l'affaiblissement et la *déminéralisation* de tous ceux qui
l'adoptent, de *diminuer leur résistance aux maladies,* de faire
naître ou d'augmenter leur sensibilité, leur réceptivité, pour
ces maladies, et de concourir ainsi à la *dégénérescence de la
race française.*

Certains n'hésitent pas à attribuer, à l'usage quotidien du
pain blanc, une large part dans la préparation du terrain le
plus favorable à l'éclosion et à la malignité de deux des plus
terribles maladies qui ravagent de plus en plus notre population, la *tuberculose* et le *cancer.*

I. — COLOSSAL GASPILLAGE DES RICHESSES NUTRITIVES DU BLÉ.
LE PAIN BLANC PÉRIL NATIONAL.

A elles seules, les raisons et les diverses considérations ci-
dessus exposées sont assurément suffisantes pour engager
les consommateurs à remplacer le *pain blanc* par le *pain naturel,* du moins dans l'usage courant, sinon d'une façon absolue.

Mais, un autre *ordre de considérations, purement écono-miques,* vient renforcer encore les arguments précédents.

Un économiste de haute compétence, *Charles Gide,* a calculé, en effet, que la suppression, dans la farine extraite au faible rendement de 60 à 70 %, de la partie nutritive, dont la valeur est incomparable, abandonnée dans les *issues,* entraîne une perte de 400 millions de francs par an, au moins.

Le calcul est facile à refaire et à la portée de tous, tant il est simple.

Le voici :

Boutroux[1] et beaucoup d'autres, ont démontré que la **transformation** de la farine de blé en pain produit 5/16 de pain en plus de son poids. En d'autres termes, chaque kilogramme de farine produit 1 kilogr. 313 de pain.

Ainsi, si nous prenons, comme exemple, la farine extraite au rendement de 70 kilogrammes sur 100 kilogrammes de blé, rendement le plus élevé, qui est de très peu et très rarement dépassé, dans la meunerie actuelle, nous pourrons obtenir les 5/16 de 70 kilogrammes, c'est-à-dire 22 kilogrammes de pain, en plus des 70 kilogrammes, soit, en somme, 92 kilogrammes de pain.

Si l'on avait poussé l'extraction de la farine à 80 kilogrammes, au lieu de 70 kilogrammes, on obtiendrait de même, 105 kilogrammes de pain.

Il y a donc une perte de 13 kilogrammes de pain, sur 100 kilogrammes de blé, qui résulte de ce que l'on n'a extrait que 70 kilogrammes de farine, au lieu de 80 kilogrammes, les *10 kilogrammes* de différence, dont la valeur nutritive est si élevée, étant perdus pour la panification et destinés à *nourrir des porcs,* ou d'autres animaux.

Le kilogramme de pain blanc coûte actuellement 0 fr. 45, ce qui fait 0 fr. 45 $\times$ 13 kilogrammes $=$ 5 fr. 85 de perte sur 100 kilogrammes de blé.

La France récolte annuellement à peu près 90 millions de quintaux de blé de 100 kilogrammes. La perte totale de la

---

1 *Le pain et la panification,* Baillière, édit., Paris, 1897.

farine pour la *panification* est donc, sur la récolte entière
de l'année, de 90 millions de quintaux multipliés par 13 kilogrammes = *1.170 millions* de kilogrammes de pain, qui, au,
prix actuel du pain, représentent la somme énorme de
526 millions et demi de francs.

Il y a vingt ans seulement le prix du pain était, à peu près,
de 0 fr. 30 le kilogramme.

Il a donc augmenté de 0 fr. 15 par kilogramme, depuis cette
époque, c'est-à-dire d'un tiers de sa valeur primitive.

Il ne semble pas douteux que si, au lieu de faire manger,
aux *porcs*, les 10 % de farine de *haute valeur nutritive* qu'on
a abandonnée dans les *issues*, on les avait transformés en
1.170 millions de kilogrammes de pain, non seulement le *pain
naturel* ainsi obtenu eût été bien supérieur au *pain blanc*,
mais, de plus, le prix de ce pain serait resté sensiblement
plus bas que ce qu'il a été et que ce qu'il est encore.

Mais, nous avons vu, qu'au lieu de s'arrêter au rendement
de 80 %, on aurait pu le pousser jusqu'à 84 %, et même
85 %.

Enfin, nous avons vu aussi que l'extraction des farines se
fait, non pas toujours à 70 %, mais, *le plus souvent*, à 65 %,
60 % et même, quelquefois, 50 %.

Pour ces deux raisons, on comprend que la perte est encore
beaucoup plus grande, *pour la panification et l'alimentation
nationale*, qu'il n'a été démontré plus haut.

Mais, il y a encore plus : ces immenses pertes pour la panification, *voulues*, *calculées* par la *spéculation*, ont pour
conséquence de rendre la *récolte* française de blé *insuffisante*
pour nourrir la population française, et il devient nécessaire
de faire venir, à grands frais, *de l'étranger*, de grandes quantités de blé, pour combler le déficit. De là, encore, de grosses
pertes nouvelles, pour la fortune publique, pour le *trésor de
la France*, dont une partie importante passe dans les caisses
de l'étranger.

On peut donc conclure que, chaque année, il se fait un
colossal gaspillage, un *gaspillage* en partie aveugle, dû à
l'ignorance, c'est possible, des spéculateurs, mais le plus sou-

vent aussi, sinon toujours, un *gaspillage voulu, calculé,* par la spéculation.

Aussi, pour toutes les raisons ci-dessus exposées, peut-on proclamer, avec le professeur *Letulle* et beaucoup d'autres, que le *pain blanc est un péril national* qui mérite de fixer sérieusement l'attention des pouvoirs législatifs.

J. — DEVOIR POUR TOUS DE COMBATTRE LA SPÉCULATION AU NOM DE LA SANTÉ PUBLIQUE ET DE LA BONNE ÉCONOMIE SOCIALE.

Mais, en attendant l'action de ces pouvoirs législatifs, action qui peut tarder à se produire, qui peut-être ne se produira pas, le *corps médical* et tous les *hygiénistes,* tous ceux qui s'intéressent à la *santé publique,* ont le devoir de s'inquiéter, de s'éclairer, et de former l'opinion de tous sur cette grave question de l'*alimentation populaire.*

Il faut s'attacher, tout particulièrement, à dire toute la vérité sur la différence de valeur du *pain blanc* et du *pain naturel,* aux *ménagères,* puisque c'est à elles qu'incombe le soin de rechercher, de préparer et de présenter la nourriture à toute la famille.

Il faut qu'elles comprennent bien que l'*usage quotidien* du *pain blanc* présente de graves inconvénients, pour la santé de ceux qu'elles aiment, que le *pain naturel* possède une *puissance nutritive, excitante* et *reminéralisatrice,* bien supérieure à celle de tous les autres pains, et que c'est ce pain-là, qu'elles doivent demander à leur boulanger et faire consommer à leurs familles.

L'Industrie peut construire aujourd'hui des appareils mécaniques qui permettront d'extraire, du blé, la presque totalité, sinon la totalité, des *précieuses substances nutritives, dynamogènes* et *reminéralisatrices,* c'est-à-dire 85 % du blé moulu, et cela, sans que la *farine complète,* qui en résultera, contienne plus de *0 gr. 35 % de son.*

La spéculation commerciale, l'avidité des financiers, constituent le principal obstacle à leur réalisation et à leur application.

Il appartient aux consommateurs de leur imposer un frein au nom de la *santé publique* et de la *bonne économie sociale*.

§ 6. — **Alcoolisme**.

Parmi toutes les fautes de régime alimentaire, la plus grave, celle dont les conséquences sont les plus redoutables et les plus funestes, tant pour la santé de l'individu, qu'à cause des désordres sans nombre, de toutes variétés et de tous degrés, qu'elle engendre dans la société, c'est, sans aucun doute, l'usage immodéré ou l'abus des alcools et des boissons alcooliques, qui détermine toujours l'*alcoolisme* aigu et chronique.

Cet abus est si répandu, aujourd'hui, dans notre nation, que, on peut l'affirmer, peu de personnes s'y soustraient entièrement, surtout dans le monde masculin.

Or, tous ceux qui se sont occupés de la question sont d'accord pour reconnaître que cet alcoolisme, aigu ou chronique, prépare, plus ou moins rapidement, selon les tempéraments, mais avec certitude, le terrain le plus favorable, sur lequel se fixera et évoluera, le plus sûrement, l'agent contagieux de la tuberculose : le *bacille de Koch*.

Il est bien démontré, par exemple, à l'étranger comme en France, que le développement de cette terrible maladie marche de pair avec le développement de la consommation de l'alcool. Que l'étude porte sur une famille, sur une ville, sur un département, sur une région ou sur une nation tout entière, elle aboutit toujours à la même constatation.

« Nous publions, chaque année, depuis 1906, dit M. Mirman, dans son tout récent rapport officiel cité plus haut [1], la statistique spéciale des décès par tuberculose, en France. Elle permet d'analyser, dans tous ses détails, par âge et par localité, les modalités du fléau. Et il sera impossible, à qui l'étudiera, de n'être pas frappé de la *minutieuse concordance qui existe entre les départements où l'on meurt le plus de tuberculose et ceux où l'on boit le plus d'alcool.* »

---

1. *Rapport officiel* du 20 septembre 1912.

On peut ajouter que, si tous les tuberculeux ne sont pas fatalement atteints d'alcoolisme acquis ou héréditaire, tous les alcooliques sont presque fatalement condamnés à devenir tuberculeux.

L'*alcoolisme* exerce encore bien d'autres ravages dans le *domaine de la pathologie humaine* et en dehors de la tuberculose.

Sans qu'on puisse préciser la part qui lui incombe dans tous les genres de mortalités spéciales, il n'est pas douteux que cette part ne soit très grosse, notamment parmi :

Les 27.320 morts violentes et les 7.395 décès dus à la cirrhose du foie;

Les 22.719 morts de « débilité générale et vices de conformation »;

Les 88.033 enfants âgés de 0 à 1 an qui ont tous succombé en 1910;

Et tout cela, sans compter les innombrables fausses couches et avortements qui échappent à toute statistique.

Et si, maintenant, nous pénétrons dans le vaste domaine spécial de la *pathologie nerveuse,* nous verrons que le tableau des maladies confirmées et des troubles très variés qu'on attribue, à juste titre, à l'*alcoolisme* acquis ou héréditaire, est encore plus douloureux et plus effrayant.

Cet empoisonnement imprime des modifications profondes et durables dans tous les organes de la *sensibilité,* de la *motricité,* des divers instincts qui constituent le *cœur,* modifications de toutes les fonctions de l'*intelligence,* ainsi que de toutes celles du *caractère* ou de la *volonté.*

Et ces modifications nerveuses, transmises par l'hérédité, se traduisent, chez les enfants, et, plus tard, chez les adultes, quand ils le deviennent, par de multiples formes morbides ou anormales, telles que la précocité, l'excitabilité, la colère, la violence, l'indiscipline, l'impulsivité criminelle, l'épilepsie, le suicide, la dégénérescence, la déchéance intellectuelle et morale, l'idiotie, la folie, la malfaisance et le crime, etc., etc.

L'*alcoolisme,* héréditaire ou acquis, transforme ainsi, directement ou indirectement, ceux qui sont ou qui pourraient être

les plus forts, les plus robustes, les plus adroits, etc., en des
êtres plus ou moins incapables, qui deviennent des non-valeurs
et de lourdes charges pour tous, quand ils ne sont pas des
bêtes féroces qu'il faut supprimer parce qu'elles sont aussi
dangereuses pour la société que pour la famille.

§ 7. — Rôle de l'alcoolisme
dans la pathologie morale et sociale.

Toutes les statistiques officielles[1] démontrent que, depuis
60 ans, le nombre des affaires soumises à la justice ne cesse
d'augmenter, chaque année, dans des proportions de plus en
plus inquiétantes.

Ainsi, le nombre des affaires de toutes natures (infractions
diverses, contraventions, crimes et délits, etc.) dont la Justice
française a eu à s'occuper, qui était, en 1902, de 528.641, et de
567.274 en 1907, ne fait que marcher, à grands pas, vers les
600.000.

Cela signifie évidemment que, chaque année, la justice se
trouve en face de près de 600.000 attaques plus ou moins
graves contre l'*ordre social* établi par les lois.

A ce compte, cela fait 6 attaques pour 390 habitants âgés
de 0 à 100 ans, ou plus, et 1 attaque pour 65 habitants, la population actuelle de la France étant, à peu près, de 39 millions.

En réalité, ce coefficient de $\frac{1}{65}$, que j'appellerais volontiers un

coefficient d'immoralité, est beaucoup trop faible, car il ne
ressort que des affaires dont la justice est *officiellement* saisie.
Or, il n'est pas douteux qu'il se produit et qu'elle ignore beaucoup plus d'attentats qu'il ne lui en est déclaré.

Enfin, si l'on considère que ces attentats sont, presque
entièrement, commis par la masse vraiment active de la population, qu'une grosse partie, correspondant, par exemple, aux
15 premières années de l'échelle des âges et à un nombre
d'années sans doute beaucoup plus grand de l'autre extrémité

1. Statistiques officielles du ministère de la Justice (de 1870 à 1911).

de cette échelle, doit être, au préalable, retranché, avant de calculer le coefficient ci-dessus, il apparaît clairement que ce coefficient est, de beaucoup, supérieur à $\frac{1}{65}$.

En face de cette déplorable constatation, nous sommes obligés de reconnaître que, loin de s'améliorer, l'*immoralité*, qui est déjà effrayante, ne fait qu'augmenter.

Quoi qu'il en soit, il est reconnu, par tous les spécialistes qui se sont occupés de la question [1], que la grande partie des affaires les plus graves contenues dans les statistiques, telles que les *assassinats, meurtres, blessures, coups, violences diverses,* etc., sont engendrées par l'*ivrognerie* et l'*alcoolisme.*

« La seule indication vraiment défavorable, qui se dégage, avec précision, de la statistique des vingt dernières années, dit M. *Louis Barthou,* alors ministre de la Justice [2], est celle qui a trait à l'augmentation de la *Criminalité violente dont les progrès sont liés, sans aucun doute, au développement de l'alcoolisme.* »

Et il ajoute, un peu plus loin [3] :

« Pour les *délits,* comme pour les *crimes,* on constate que c'est *toujours* parmi les prévenus convaincus de *violence* ou d'*immoralité* que l'*alcoolisme* sévit le plus.

« En ce qui concerne les délits de coups et blessures, il y a lieu de remarquer que les chiffres permettraient d'arriver à des évaluations plus exactes et plus significatives encore,

---

1. Consulter notamment :

1° Les divers rapports du Ministère de la Justice sur l'administration de la Justice criminelle ;

2° *Le Crime dans la famille,* par M. Louis Albanel, doyen des Juges d'instruction de France, 1 vol., Paris, 1910 ;

3° *L'Alcoolisme facteur de criminalité,* par le D\ Vallon, médecin de Ste-Anne. Communication faite à l'Académie de Médecine de Paris, octobre 1909 ;

4° *La Criminalité dans l'adolescence,* par M. Duprat, 1 vol., Paris, 1909 ; du même auteur de *La Jeunesse est pourrie,* art. de 2 colonnes du *Matin,* n° du 31 mai 1908 ;

5° *Littérature et Criminalité,* par le professeur Scipio Sighèle, traduit de l'italien, par Trick Adler, avec préface de Jules Claretie, Paris, 1908 ;

6° *La Criminalité juvénile.* Lettre au directeur du *Temps,* par M. Grimanelli, ex-directeur des prisons de France. 2 colonnes, *Temps* du 15 août 1908.

2. Rapport au Président de la République française, sur l'administration de la Justice criminelle, pendant l'année 1908. *Journal officiel* du 5 janvier 1910, annexe, p. 4.

3. Même Rapport, annexe, p. 6.

s'ils étaient grossis de toutes les affaires qui, en raison de leur peu de gravité, sont renvoyées devant des tribunaux de simple police, sous l'inculpation de voies de fait, violences légères, tapage injurieux ou nocturne, mais qui n'en ont pas moins, avec l'*alcoolisme* et l'*ivresse* manifeste, des rapports les plus étroits. »

D'après M. Grimanelli, directeur des prisons de France, sur 300 jeunes détenus qui, en 1904, se trouvaient dans un grand établissement pénitencier, 40 % avaient été sûrement reconnus comme ayant été *engendrés par des parents notoirement alcooliques.* Et il ajoute : aujourd'hui, la proportion est certainement plus élevée. (Lettre au journal *Le Temps*, du 15 août 1908.)

En somme, tout le monde est d'accord, pour affirmer que l'*ivrognerie*, l'*alcoolisme* ou l'*absinthisme*, acquis ou héréditaires, ont engendré un effroyable accroissement de la *criminalité*, surtout de la *criminalité juvénile*, pour reconnaître que l'*alcoolisme* encombre, à la fois, non seulement les hôpitaux généraux, les hospices spéciaux d'arriérés (idiots, crétins, etc.) et de fous, mais encore les tribunaux de toutes variétés, les prisons et les lieux de déportation de toutes sortes.

Les sommes consacrées, chaque année, par l'assistance publique ou les familles, pour soigner les maladies multiples dues à l'*alcoolisme*, par l'État pour organiser la police, rendre la justice, incarcérer, nourrir, entretenir et surveiller les malheureux que cet *alcoolisme* a conduits en prison, sont effrayants et sans cesse grandissants.

Eh bien, tous ces maux de tous genres, déjà si grands, si funestes pour la nation, ne peuvent qu'augmenter, et dans de grandes proportions, si l'on n'y remédie pas par les mesures les plus énergiques et les mieux appropriées, et, notamment, par une *large organisation de l'enseignement de l'économie ménagère et de l'hygiène alimentaire.*

§ 8. — **Preuves nouvelles et récentes du développement, en France, de l'alcoolisme.**

Bien que l'*alcoolisme* soit de plus en plus combattu, par le corps médical, par les hygiénistes, par des sociétés de tempérance, etc., malgré tout, la *consommation de l'alcool* ne cesse pas de s'étendre, et même dans des proportions inattendues.

Il résulte, en effet, des renseignements les plus précis, publiés dans la dernière *statistique officielle*, par l'administration des contributions indirectes[1], que, en 1911, il a été consommé, par nos concitoyens, la bagatelle de 1.574.018 hectolitres d'*alcool pur,* c'est-à-dire à 100°, hectolitres qui ont été *enregistrés* et *taxés* par elle.

La consommation de ce poison s'est ainsi accrue, dans les cinq dernières années :

1907....	1.289.408 hectolitres,	soit 3	litres 31 par habitant
1908....	1.339.578	—	3	— 44	—
1909....	1.342.006	—	3	— 46	—
1910....	1.399.034	—	3	— 59	—
1911....	1.574.018	—	4	— 06	—

La progression de 1911 a donc été, sur celle de 1910, de 174.984 hectolitres, soit plus de 11 %, et de près de 20 % sur les quatre années d'avant.

D'autre part, pendant la même période de cinq ans, la consommation du plus dangereux des spiritueux, l'*absinthe,* s'est élevée, d'après les mêmes statistiques, de 160.000 hectolitres, calculés en alcool pur, qu'elle était en 1907, à 220.000 hectolitres, progression égale à 60.000 hectolitres, c'est-à-dire à 40 %.

Mais, ce n'est pas tout. Pour être exact, il faudrait encore ajouter, à cette énorme consommation, d'après l'administration elle-même, 143.000 hectolitres d'alcool pur distillé par

---

1. *Bulletin de la statistique* sur la consommation de l'alcool, en France, Paris, 1912.

des *bouilleurs de crus* qui, privilégiés par la loi, ne sont soumis à aucun contrôle.

En faisant cette addition, nous aurons donc, pour la *consommation globale* de l'année 1911, en alcool pur, 1.727.018 hectolitres.

D'après M. le député *Siegfried,* ancien ministre, qui a repris l'examen de cette question devant la Chambre [1], la *consommation par habitant de tout âge,* serait portée ainsi, de 4 litres 06 à 5 *litres d'alcool pur,* qui équivalent à 13 litres des liquides fortement alcoolisés, désignés en bloc sous le nom de *spiritueux.*

En 1850, cette consommation n'était, d'après les *statistiques officielles,* que de *1 litre 16 par habitant de tout âge.*

D'autre part, il y a, en France, 12.510 distillateurs et bouilleurs de profession qui sont soumis à la surveillance de la régie.

Ils ont produit, en 1911, 2.272.133 hectolitres d'alcool pur, soit 21.301 hectolitres de plus qu'en 1910, et 63.983 hectolitres de plus que la moyenne des dix années antérieures. Mais ici encore, pour avoir la totalité de l'alcool distillé, il faut ajouter les 143.000 hectolitres des bouilleurs de crus non contrôlés, ce qui fait 2.415.133 hectolitres pour la production totale de la France pour l'année 1911.

D'après une étude basée sur les récents travaux statistiques et les considérations économiques élevées de M. *Louis Jacquet* [2], étude publiée par le Dr *Letulle*, professeur à la Faculté de Médecine de Paris [3], il ressort encore, avec plus d'évidence, que la lutte contre l'*alcoolisme,* qui ravage de plus en plus la nation française, est hérissée de difficultés si nombreuses, si grandes et si enchevêtrées, que, à première vue, elles semblent tout à fait insurmontables.

Le simple exposé suivant permettra de s'en faire une idée.

La France est le pays qui produit le plus de raisins et de pommes. Elle est ainsi la plus grande source de l'alcool.

1. *Le Temps,* nº du 20 novembre 1913.

2. *L'alcool,* 1 vol. gr. in-8º de xviii-945 p. avec 43 fig., 13 graphiques, 138 tableaux statistiques et une préface de M. G. Clémenceau, Masson, édit., Paris, 1913.

3. *L'alcool en France : Presse médicale* du 22 octobre 1913.

La *vigne* y occupe 1.625.629 hectares et la *betterave à sucre* 228.000.

La culture de la betterave, spécialement destinée à la distillation de l'alcool, qui s'est étendue, au cours de ces cinq dernières années, en moyenne, sur 50 à 57.000 hectares, a permis de distiller 1.175.000 hectolitres d'alcool à 100°.

Quant à la culture des pommes à cidre, elle prend aussi une grande partie du territoire.

La totalité des vins produits par la France et ses principales colonies, la Corse, l'Algérie et la Tunisie, atteindrait 65 millions d'hectolitres, estimés à 1.100 millions de francs, alors que la quantité de cidre qui, de 1891 à 1910 est passée de 3 millions et demi à 40 millions d'hectolitres, et qui a été ainsi, en moyenne, de 15 à 16 millions d'hectolitres par an, aurait une valeur de 143 millions de francs.

La valeur annuelle des *boissons fermentées* serait donc de 1.243 millions de francs.

La *moyenne annuelle* des *alcools naturels* extraits des vins, cidres, poirés, marcs et fruits en général, a été, au cours des années 1907, 1908 et 1909, de 445.110 hectolitres, calculés à 100° et estimés à tout près de 67 millions de francs, ainsi répartis :

Alcool de vin	32.500.000 francs
Cidres et poirés	14.314.600 —
Marcs et lies	8.253.060 —
Fruits	11.602.550 —

Pendant la seule année 1909, l'industrie a retiré de la betterave, des mélasses provenant des sucreries indigènes, des grains, des pommes de terres, etc., 2.007.539 hectolitres d'alcool à 100°.

Il a été vendu et employé, pour distiller ces alcools :

Betteraves	35 millions de francs
Grains	15 —
Vins, cidres, fruits	66 1/2 —

Les distillateurs font, ainsi, un total annuel de près de 3 millions d'hectolitres d'alcool à 100°.

En 1879, qui a été une des meilleures années pour les

marchands d'alcools, les Charentes ont vendu et expédié 478.382 hectolitres de cognacs.

Dans la suite, les ravages causés par le phyloxera ont fait tomber la vente, mais, depuis la reconstitution des vignobles, elle a remonté et atteint 268.210.000 francs, dans la période de 1902 à 1911, soit une moyenne de tout près de 27 millions de francs par an.

Quant à la consommation des *liqueurs* et des *apéritifs,* apéritifs représentés surtout par les *amers* et les *absinthes,* elle constitue un débouché d'une richesse inépuisable, débouché aussi varié que productif.

Le *commerce en gros* de ces spiritueux est de :

45.975.000 pour l'exportation;
322.754.000 pour le commerce intérieur.

D'autre part, les différentes sommes payées par le commerce sont ainsi réparties :

Droits de consommation, d'entrée, de surtaxes......................................	336.334.000 francs
Taxes d'octroi.............................	40.104.771 —
Paiement pour les spiritueux, par le commerce du détail.........................	661.388.000 —
Enfin, la vente au détail des spiritueux a atteint..................................	1.402.659.543 —

Ainsi, alors que la France n'a expédié, chaque année, hors de ses frontières, que pour 46 millions de francs environ de *spiritueux* très riches en alcool et autres substances toniques , elle en a consommé, dans le même temps, pour la bagatelle de 1 milliard 500 millions.

En ajoutant, à la valeur de la totalité de l'alcool produit dans une année, celles qui résultent des diverses transactions commerciales faites, tant pour l'exportation que dans les ventes au détail des seuls *spiritueux,* on arrive à former la *somme globale énorme* de plus de 3 milliards et demi de francs.

C'est là, le *Budget de l'alcool.*

§ 9. — **Les participants du Budget de l'alcool.**

Si, maintenant, nous nous demandons quels sont ceux qui, en dehors des consommateurs proprement dits, participent a ce *monstrueux budget,* soit en concourant à en créer les matières premières, soit en y apportant leur contribution financière, soit en y émargeant, M. *Louis Jacquet* nous répondra qu'il a compté la *somme fantastique de 5.338.000 participants,* dont la répartition est ainsi faite :

Viticulteurs	1.600.000
Cidriers	1.075.000
Marchands en gros ou entrepositaires	34.000
Distillateurs de profession	16.000
— ambulants	18.000
Débitants au détail, de tous ordres	480.000
— assujettis divers	115.000
Bouilleurs de cru	1.300.000
Personnel des marchands en gros et des distillateurs	300.000
Tonneliers, verriers, bouchonniers, fabricants de caisses, etc., etc.	400.000
Total	5.338.000

Il est à remarquer que, dans cette somme, déjà colossale, ne figurent, ni les entrepreneurs de transports, ni les camionneurs, ni certaines autres catégories de professions.

Il est fort intéressant de faire ressortir, en passant, que, d'après les *statistiques officielles,* le nombre des *débits de boissons* n'était encore, en 1879, que de 355.000.

Le nombre de ces débits étant de 480.000, d'après les statistiques de l'année 1909, et cela, sans compter les *115.000 débitants assujettis,* ils s'est donc accru de *125.000* en trente ans.

Actuellement, *Paris,* seul, contient 30.000 débits, alors que *Londres* n'en compte que 5.890, *Chicago* 5.740, *Edimbourg* 340 et *Moscou* 244.

En divisant la *population globale* établie dans le dernier recensement par ces 480.000 débits, on démontre qu'il y a, en moyenne, pour la France entière, 1 débit pour 82 habitants de tous les âges.

Mais cette proportion est très variable, suivant le département considéré. C'est ainsi que, d'après M. le député *Siegfried,* on compte 1 débit pour 22 *adultes* dans la *Seine-Inférieure,* 1 pour 15 dans le *Nord,* et 1 pour 11 seulement dans l'*Eure.*

On peut ajouter que, dans le *Pas-de-Calais,* il y a, en *moyenne,* 1 débit pour 30 hommes adultes. Mais, dans certaines localités de ce département, la proportion est de *1 débit* pour 15 habitants ou *6 à 7 adultes.*

Les mêmes statistiques démontrent aussi que la mortalité infantile, de même que celle par tuberculose, suit la progression des débits.

En définitive, si nous rapprochons, les 12.448.000 adultes, âgés de plus de 19 ans révolus, qui constituent le corps électoral, et dont le recensement du 4 mars 1906 nous a révélé l'existence à cette date [1], des 5.838.000 *participants du Budget de l'alcool,* qui, presque tous, sont électeurs, *nous constatons qu'ils représentent, à eux seuls, près de la moitié de ce corps électoral.*

D'autre part, l'*État* retire, sous forme de droits de consommation, de droits d'entrée, de surtaxes, de licence, etc., etc., près de *500 millions d'impôts,* somme énorme qui représente 12 % de ses ressources globales, c'est-à-dire plus du *huitième* de son budget total.

Quant aux *communes,* elles perçoivent plus de *80 millions de droits d'octroi,* uniquement sur les alcools ou les liquides qui en contiennent.

Il résulte, avec évidence, de ces divers exposés, qu'il existe, dans notre vie économique tout entière, des *masses d'intérêts* de premier ordre, qui résisteront victorieusement longtemps, bien longtemps, peut-être toujours, à toutes les attaques. Ces intérêts constituent des difficultés presque invincibles dans la lutte contre l'*alcoolisme.*

Si encore elles étaient seules. Mais il y en a beaucoup d'autres qui, sûrement, ne seront pas moins difficiles à surmonter que les premières, et que je ne ferai qu'énumérer.

---

1. *Statistique générale de la France,* t. I, 2ᵉ partie, p. 26. Imprimerie nationale, **Paris, 1910.**

Telles sont, par exemple :

L'*habitude de boire* des spiritueux, l'*amour des boissons fermentées*, la *soif d'alcool,* qui sont invétérés et profondément enracinés dans nos mœurs ;

La *coutume,* si généralisée que personne ne peut s'y soustraire, de s'offrir, en tous lieux, et en toutes circonstances, partout, à propos de tout et de rien, pour fêter ou commémorer un événement quelconque, symboliser une communion quelconque de sympathies, de sentiments, de pensées ou d'actes, de s'offrir, dis-je, des alcools, des liqueurs et des boissons fermentées de toutes sortes, depuis la *goutte* et le *petit verre* jusqu'aux flots de champagne, en passant par l'apéritif, l'absinthe et le punch ;

La glorification de la « *liqueur enchanteresse* » ou de la « *dive bouteille* » par les littérateurs et les poètes, les chansonniers, dans les grands théâtres, comme dans les cafés-concerts, les beuveries de mastroquets, jusqu'aux derniers caboulots ;

Les *préjugés* répandus imprudemment et beaucoup trop largement sur *l'alcool-aliment* et *l'alcool-médicament;*

La *réclame* éhontée, de plus en plus effrénée, trop souvent habillée des plus impressionnantes et des plus séduisantes représentations de l'art, qui s'efforce, dans les publications littéraires, sur les murs, dans tous les lieux publics, sur les routes, au milieu des champs les plus reculés, partout en un mot, d'exalter encore des passions déjà si vives et si difficiles à maîtriser ;

L'*omnipotence des syndicats de fabricants d'alcools et de liqueurs,* trop souvent renforcée encore par le silence coupable des élus du peuple, sinon soutenue par leur autorité;

L'*ignorance profonde du peuple,* en matière d'hygiène de l'alimentation, comme, du reste, en toute autre hygiène ;

Enfin, la funeste institution de la gratification du « *pourboire* », qui ne peut que contribuer largement au développement de l'empoisonnement du peuple par l'alcool.

A ce propos, qu'il me soit permis de dire comment je m'efforce de traiter cette dernière habitude.

Chaque fois que je me trouve dans le cas de donner une de ces petites gratifications, si mal dénommées, je demande tout d'abord, à l'intéressé, s'il est *marié* et *père de famille*.

Dans l'affirmative, je lui remets une gratification d'autant plus forte qu'il a plus d'enfants, en lui faisant bien remarquer que je la lui donne, *non pour boire,* qu'elle n'est point un « *pourboire* », mais une gratification destinée à l'aider dans l'élevage de ses enfants et en témoignage de ma satisfaction.

§ 10. — Lutte nécessaire
contre l'abus des boissons alcooliques.

Tous les chiffres cités ci-dessus ont une éloquence très impressionnante. Ils démontrent clairement que *l'alcoolisme,* loin de rétrograder, ne fait, au contraire, que progresser. Il envahit tout. C'est un *fléau.*

Ils démontrent aussi, avec non moins d'évidence, que les *intérêts* engagés à le soutenir et même à l'étendre sont, de même que les *habitudes* enracinées, les *préjugés* invétérés, etc., nombreux, puissants, enchevêtrés dans un *bloc* difficile à attaquer, à combattre, et, encore bien plus, à vaincre.

Mais, parce que la tâche paraît fort difficile, effrayante même, ce n'est point là une raison suffisante pour ne pas l'entreprendre et la poursuivre.

Loin de là, il faut s'y employer résolument.

Ces simples considérations, de même que celles du paragraphe précédent, nous permettent de prévoir, pour un avenir prochain, une recrudescence importante dans les ravages de la *tuberculose* et d'un certain nombre *d'autres maladies,* ainsi que dans ceux de la *criminalité.*

On ne parviendra à arrêter leur extension future et à les faire rétrograder, que par l'*enseignement,* très largement répandu, de l'*hygiène alimentaire* et de l'*économie ménagère,* tout en adoptant des *mesures législatives* énergiques, ainsi qu'on l'a déjà fait, tout spécialement en Suède, en Norvège, en Allemagne, etc.

C'est grâce à de telles mesures que la Norvège a réussi à réduire la consommation de l'alcool à 1 litre 50 par habitant, alors qu'elle était arrivée au coefficient énorme de 8 à 9 litres.

Déjà, en **France**, on a demandé, sans succès, de nombreux côtés, une large réduction du nombre des débits d'alcools, vins et liqueurs, qui sont des lieux d'empoisonnement public.

**A. — ACTION ANTIALCOOLIQUE
DES MUNICIPALITÉS ET DES PRÉFETS.**

En attendant les mesures législatives nécessaires, certains maires énergiques et dévoués, s'inspirant uniquement des lois existantes qui protègent la santé et la moralité publiques, ont adopté des mesures locales qui tendent nettement à combattre l'action funeste de ces débits.

L'article 9 de la loi du 17 juillet 1880 a donné, en effet, le *droit* aux *maires,* les conseils municipaux entendus, de limiter les débits de boissons, dans un périmètre à déterminer, autour des édifices publics, tels que ceux consacrés au culte, les cimetières, les hospices, les écoles primaires, collèges et autres établissements d'instruction publique.

C'est en vertu de cette *loi* qu'ils ont édicté des arrêtés municipaux dans lesquels ils défendent, par exemple :

1° D'ouvrir un débit de vins, boissons variées, liqueurs et spiritueux, dans un rayon de 200 mètres au moins, autour des monuments publics et tout particulièrement des écoles ;

2° De placer, sur les portes vitrées de leurs devantures, même celles des arrière-salles, des rideaux opaques, et même parfois, aucun rideau ;

3° D'y employer des servantes âgées de moins de 18 ans ;

4° De poster, sur le pas de la porte, des femmes qui, le plus souvent, sinon toujours, ne sont là que pour attirer le client et l'inciter à venir consommer ;

5° De tolérer que les femmes employées s'assoient aux tables de consommation, à côté des clients ;

6° De laisser ouvert le débit aux consommateurs, après minuit.

Au mois de juillet 1913, à la suite de la discussion qui eut lieu à la Chambre des députés, l'article 46 de la loi de finances de 1913 a complété la loi de 1880 et donné aux préfets, dans leur département, les mêmes droits qu'aux maires dans leur commune.

Un certain nombre de préfets ont pris, dès lors, des arrêtés pour limiter les débits de boissons, en fixant, dans les communes et les villes, pour la *zone prohibée,* des distances variables, suivant le chiffre de la population.

Le *préfet de la Corrèze* a fixé le *rayon de la zone prohibée* à *50 mètres,* pour les communes au-dessous de 1.500 habitants, à *70 mètres,* pour les communes de 1.501 à 3.000 habitants, et à 100 mètres pour les communes au-dessus de 3.000 habitants.

Le *préfet des Basses-Pyrénées* a décidé que la limitation s'exercerait à *100 mètres* des édifices visés par la loi de 1880, qu'il s'agisse de Pau, avec ses 37.149 habitants, ou de Mauléon, qui n'en compte que 4.827.

Le *préfet de la Marne* a fixé la distance uniformément à 300 mètres.

Le *préfet de Seine-et-Oise* a établi la progression suivante :

150 mètres pour les communes au-dessous de 300 habitants ;

300 mètres pour toutes les autres localités, qu'il s'agisse d'une commune de plus de 300 habitants ou de la préfecture elle-même.

D'autres préfets ont été encore plus stricts.

C'est ainsi que le *préfet d'Eure-et-Loir,* a décidé qu'à Chartres le *rayon de la zone prohibée* serait de 800 mètres.

Ces divers arrêtés ont soulevé, comme il fallait s'y attendre, de violentes protestations, de la part des propriétaires de débits, et le *Comité national de défense du commerce des boissons* a entrepris une campagne énergique, pour démontrer que ces arrêtés causent la ruine de ce commerce.

Ces sages mesures ont déjà fait disparaître un certain nombre d'établissements plus ou moins interlopes.

On ne peut que féliciter les préfets, les maires et les municipalités qui ont eu le courage de les adopter et de les faire respecter.

Souhaitons que de tels exemples trouvent des imitateurs toujours plus nombreux.

B. — ACTION DES SOCIÉTÉS D'ENSEIGNEMENT ANTIALCOOLIQUE.

Toutes ces mesures sont assurément fort bonnes, mais on ne saurait s'en tenir là.

La *lutte contre l'alcoolisme* doit s'étendre sans cesse sous toutes les formes utiles.

Parmi ces formes, la *Ligue nationale antialcoolique,* dont l'action s'étend plus ou moins sur toute la France, préconise avec raison et succès, l'*enseignement populaire* ou *scolaire* par des *images* et des *modèles en cire* ou autre matière appropriée. représentant les ravages engendrés dans les organes du corps humain (foie, cerveau, cœur, estomac, etc.), ainsi que dans la famille et la société, par l'abus des spiritueux.

Elle recommande aussi, à côté de ces conférences et de ces causeries impressionnantes, la distribution de *tracts* et de *brochures* très simples et très claires, le *prêt de livres* spéciaux et de toutes les publications appropriées, au moyen de *bibliothèques circulantes*.

Elle s'efforce, enfin, de multiplier partout, dans les écoles, primaires et secondaires, comme dans le public, la formation de *sociétés de tempérance,* dont les membres prennent l'engagement moral de ne point user et surtout de ne point *abuser* des spiritueux.

Tous les ans, cette *Ligue nationale antialcoolique* organise une *grande fête publique de propagande* où l'on remarque les notabilités de l'Hygiène, de la Médecine, de la Science, de la Politique, des Lettres et des Beaux-Arts.

La dernière fête était présidée par M. *Raymond Poincaré,* président de la République, entouré de sa maison civile et militaire, qui avait tenu à renforcer, par sa présidence effective, la *propagande antialcoolique*.

Le poète *Jean Richepin*, membre de l'Académie française, a composé, pour cette fête, l'admirable morceau de poésie ci-dessous, qu'il a débité avec chaleur et qui a soulevé l'enthousiasme général.

L'Eau de mort.

O peuple, fils du sol où croit la sainte vigne,
Garde ton culte pour le vin ; il en est digne.
Garde ton culte pour le vin, mais pour lui seul ;
Bois-en, comme en buvait gaiement ton grand aïeul,
Celui qui promulgua, dans un coup de tonnerre,
L'Évangile du Ciel révolutionnaire,
Celui qui, pour créer le blé des nouveaux droits,
A travers le vieux monde ameuté par les rois,
Sema, sans marchander, en vingt ans d'aventures,
Les gouttes de son sang, grain des moissons futures.
Oh ! oui, comme alors, peuple, ouvrier, paysan,
Aime-le, ce bon vin de ta vigne, et bois-en,
Comme il en buvait, lui, quand, au Ciel de fournaise,
Sur des ailes de feu, planait la *Marseillaise*,
Et qu'il avait besoin, pour se désembraser,
De verser dans son cœur la fraîcheur d'un baiser.

Ce baiser du beau sang clair que la vigne pleure,
C'est elle, et le soleil, et la terre, qu'il fleure ;
Et tous les souvenirs, qu'il nous laisse en passant,
Font chanter l'âme du pays dans notre sang.
Béni soit-il, ce vin français qu'on nous envie,
Vin de foi, vin d'amour, vin d'espoir, vin de vie,
Et bois-le sans peur, peuple, et bois-le sans remord !

Mais ne bois pas l'eau d'or, l'eau de feu, l'eau de mort !
Oui, voilà son vrai nom, à la gueuse, à la goule,
Qui, dans les plis de sa robe en flammes, te roule,
Et t'y sèche le cœur, t'y démoelle les os,
T'y coupe, à petits coups, comme à coups de ciseaux,
Les artères, les nerfs, les poumons, et vorace,
Mange ton âme, et jusqu'aux sources de ta race.
Car, dans l'affreuse robe en flammes pour linceul,
Ce n'est pas toi, buveur, que tu roules tout seul,
Et tu sais bien que ton crime contre nature
Condamne à mort aussi toute ta géniture.

Que toi, peuple, aujourd'hui maître de tes destins,
Tu les perdes pour cette idole aux yeux éteints,
Ce Moloch sans cerveau, ce Baal en éponge
Qui te boit, quand tu crois boire, c'est un songe

Que ton pire ennemi n'eût pas songé jadis;
Mais l'abdication de ce *de profundis*
Descend plus bas encore, ô peuple lamentable.
O déchus plus déchus que des bœufs à l'étable,
Puisque ceux-ci, du moins, n'auront pas, comme vous,
Des avortons, enfants de malades, de fous,
Mornes martyrs, à qui la mort rendrait service,
Condamnés innocents, punis pour votre vice!

Oh! ceux-là, contre toi, peuple, entends-les crier,
O peuple dont je suis, paysan, ouvrier,
Entends ce que leur voix de victimes réclame :
Le droit d'avoir un corps sain qui fait saine l'âme,
Le droit de vivre fort, vaillant, fleuri, joyeux,
Comme ont, même en peinant, vécu tous nos aïeux !

Pour que ta race à vivre ainsi se perpétue,
·*Ne bois plus l'eau de mort, qui, dans sa fleur la tue!*
Peuple, ne deviens pas ton propre meurtrier!
O peuple dont je suis, paysan, ouvrier,
Peuple libre à présent, naguère en esclavage,
Peuple roi désormais, vieux Caliban sauvage
Dont Prospero le sage et l'espiègle Ariel
Ont enfin relevé la face vers le ciel,
O peuple, écoute-les dans l'azur, tes poètes,
Ecoute leurs chansons, d'aigles ou d'alouettes !

Et *s'il vous faut*, parmi vos labeurs écrasants.
O peuple dont je suis, ouvriers, paysans,
S'il vous faut. pour avoir plus de cœur à l'ouvrage,
Le coup de riquiqui fouettant votre courage,
Buvez-en, à long trait, le réconfort divin
Dans le rouge baiser, frais, d'un verre de vin.
Où les poètes, oui, mes frères, oui, nous autres,
Ariel, Prospero, les lutins, les apôtres,
Nous aurons effeuillé nos rêves et nos vœux,
L'espoir de jours plus beaux pour nos petits neveux,
Le vouloir consolant, à notre dernière heure,
De laisser après nous l'humanité meilleure :
Et de ces rêves-là, qu'on ne fait pas en vain,
De ces espoirs, de ces vouloirs, et de ce vin,
En dansant avec toi, peuple, et menant la ronde,
Nous nous soûlerons tous à la santé du monde[1] !

---

1. La poésie de M. *Jean Richepin* a été, ici, intégralement reproduite, bien que certains vers des deux premières strophes poussent trop loin la glorification du vin.

Quant au dernier vers de la dernière strophe, on ne peut moins faire que de le regretter, car il formule des *excès* préjudiciables que l'*Hygiène,* pas plus que la saine *Morale,* ne sauraient admettre.

C'est vraiment le cas de répéter la locution antique : « *in caudâ venenum* ».

En outre de toutes ces façons de procéder déjà si précieuses, on pourrait encore faire, selon nous, une très fructueuse propagande, au moyen de *musées sanitaires forains,* ou de *musées sédentaires et cantonaux,* qui feraient fortement ressortir les funestes conséquences, individuelles et sociales, engendrées par l'insalubrité ou l'inobservation des règles de l'hygiène, soit en matière d'alimentation, de soins corporels, de vêtements, de logements ou de professions, etc., et cela, à côté des bienfaits résultant des lois de la *salubrité* et de l'*hygiène.*

C. — NÉCESSITÉ D'ÉTABLIR UNE DÉRIVATION A LA CONSOMMATION DE L'ALCOOL.

Enfin, pour terminer, ajoutons qu'il n'est pas possible de ne pas tenir aussi le plus grand compte de la *masse des intérêts* engagés dans l'*exploitation de l'alcool,* et que, si l'on doit s'efforcer sans cesse d'en restreindre de plus en plus la *consommation alimentaire,* il faut, parallèlement, la remplacer par une autre consommation, qui, mieux comprise, mieux adaptée à nos besoins et aux intérêts en jeu, permettra d'atteindre d'autant plus facilement le but visé, en donnant satisfaction à tout le monde.

La meilleure *dérivation* qui se présente à l'esprit est, assurément, l'orientation de la consommation de l'alcool vers les industries de la *force motrice,* de l'*éclairage,* du *chauffage,* etc.

Un des grands problèmes à résoudre aujourd'hui consiste à trouver des *procédés pratiques et économiques,* pour utiliser l'alcool, non plus comme *aliment* et *excitant,* comme producteur d'énergie humaine, *mais comme générateur d'énergies mécanique, lumineuse, calorique.*

Le jour où ce grand problème sera résolu, l'*alcoolisme* sera peut-être définitivement vaincu.

§ 11. — Autres facteurs importants de la tuberculose.

Certes, il y aurait beaucoup à dire sur les autres facteurs qui, comme la mauvaise alimentation et l'alcoolisme, concourent à préparer le terrain sur lequel évoluera la tuberculose. Je ne puis le faire.

L'étendue du présent rapport, qui est fort compliqué,
devant être nécessairement très restreinte, je dois me borner
à jeter un simple coup d'œil sur quelques-uns de ces principaux facteurs.

Tels sont, par exemple :

Le surmenage physique et intellectuel qui diminue la résistance organique;

L'abus des plaisirs et la débauche;

L'insalubrité des habitations, de leur ambiance et des
logements qu'elles renferment;

La mauvaise tenue, la malpropreté, et, souvent même, la
sordidité des individus et des logements qu'ils habitent, logements qui sont, en général, des *taudis infects;*

L'ignorance des causes de maladies et l'indifférence qu'elle
engendre chez tous ceux qui n'ont que peu ou pas le souci
de leur santé;

La promiscuité et la contagion.

Tous ces facteurs affectent, cependant, les plus étroits rapports avec l'*économie ménagère* et la *puériculture*, qui font
l'objet de ce travail. Et chacun mériterait de longs développements.

Les hygiénistes sont d'accord pour reconnaître que, en général, le *travail musculaire* ou *cérébral* est mal pratiqué. Il
est ou trop fort, ou trop faible, ou mal choisi pour les capacités physiologiques de beaucoup des individus qui s'y livrent.

On peut affirmer que la pratique du travail est faite sans
direction théorique, sans mesure convenable. Elle est empirique, et, conséquemment, irrationnelle.

Le travail est aussi mal compris et mal pratiqué que l'alimentation.

Il en résulte, pour beaucoup d'individus, qui travaillent,
par goût ou par nécessité, plus que ne le comportent leurs
capacités physiologiques, un épuisement de leurs forces de résistance qui les met à la merci de toutes les causes de maladies.

Et, si l'excès de travail, ou sa mauvaise répartition dans le temps, vient se combiner avec une nourriture insuffisante ou malsaine, avec l'abus des plaisirs, des boissons alcooliques, la débauche, etc., ce qui est le cas le plus fréquent, alors l'épuisement n'en est que plus rapide et plus complet, et la tuberculose, ou toute autre maladie, s'empare de l'organisme appauvri, pour longtemps, sinon pour toujours.

Je ne saurais trop faire ressortir, en passant, combien il est nécessaire d'arriver à *mesurer,* avec quelque précision, et les capacités mécaniques et intellectuelles de chacun, et la somme des efforts physiques ou psychiques que comporte l'exercice de tel ou tel travail, de telle ou telle profession, afin que chacun puisse se servir de ces mesures, et pour choisir la profession qui convient le mieux à ses aptitudes, et pour établir la ration alimentaire, calculée en calories et autres propriétés .réparatrices, qui convient le mieux au travail adopté et exécuté.

Si la science est encore, en apparence, bien éloignée de cet idéal, on peut être certain qu'elle tend nettement vers sa réalisation et qu'elle y parviendra.

Et si, maintenant, nous considérons l'*habitation,* nous voyons que la population ouvrière n'a qu'un bien médiocre souci, en général, et même, très souvent, aucun souci, des conditions de la salubrité.

Elle se préoccupe peu ou pas du tout, et de la capacité des locaux, et de leur aération, et de leur orientation, et de leur ensoleillage, et de leur bon entretien, et des qualités de l'air qui s'y trouve contenu, etc.

Il m'est arrivé bien souvent de voir, à Paris, dans le *quartier de la Sorbonne* (Ve Arrondissement), des familles ouvrières, composées de 6 à 7 personnes, dont 4 à 5 enfants plus ou moins grands, habiter de tout petits logements, où chacune d'elles n'avait à sa disposition que *5 à 6 mètres cubes d'air confiné, puant* et *vicié* de multiples façons, et cela, sans même se douter que sa santé était en danger, qu'elle avait déjà subi ou qu'elle subissait, dans ces déplorables conditions, les plus graves préjudices.

Et que penser des ateliers où cette même population se surmène 10 ou 12 heures, et souvent plus, par jour, sinon que la plupart présentent des conditions d'insalubrité encore pires que celles de ces logements?

Quant au bon entretien prescrit par l'hygiène la plus élémentaire, pour les parois du logement ou de l'atelier, de même que pour les différentes parties du mobilier qui s'y trouve, il est très généralement remplacé par le désordre, la malpropreté et la saleté qui en font, on ne saurait trop le faire ressortir, des *taudis* plus ou moins *infects,* qui sont autant de sources fécondes en maladies.

Enfin, on peut ajouter que le premier de tous les vêtements, la *peau,* est encore, le plus souvent, l'objet de moins de soins, de la part de son propriétaire, que le vêtement artificiel qui la recouvre. Il vit sans se douter que son entretien, dans un bon état de propreté et de bon fonctionnement, est précieux, nécessaire, pour la santé.

En résumé, on peut affirmer que toutes ces conditions si souvent réunies :

Alimentation insuffisante, insalubre et irrationnelle ;

Abus des boissons alcooliques et des plaisirs de la débauche ;

Surmenage physique et intellectuel ;

Insalubrité du logement et de l'atelier ;

Défaut d'hygiène cutanée, vestimentaire et mobilière, etc. ;

Constituent la plus fréquente et la plus redoutable des sources de déchéance physiologique et de maladies, parmi lesquelles la tuberculose est celle qui fait le plus de ravages.

Toutes sont dues à *l'ignorance profonde des lois de la physiologie humaine, de la salubrité et de l'hygiène,* qui caractérise notre population. Le grand remède doit donc consister à lui apprendre ces lois par un enseignement théorique et pratique, large et solide.

CHAPITRE II

MORTALITÉ INFANTILE

La mortalité spéciale des enfants du 1er âge tient la plus grosse place, après celle de la tuberculose, dans la mortalité générale. Elle lui est au moins égale, sinon supérieure, par le nombre de ses victimes.

Il m'a paru d'autant plus logique de l'examiner à part, dans ce rapport, qu'elle doit précisément servir de base pour justifier la nécessité d'organiser l'*enseignement théorique et pratique de la puériculture*.

Jetons donc un coup d'œil rapide sur sa valeur et ses causes principales.

§ 1. — Statistiques générales.

Il ressort du *rapport du professeur Budin*[1] qu'il est mort, en moyenne, chaque année, de 1896 à 1900, la quantité énorme de 134.434 enfants, âgés de 0 à 1 an, soit 672.170 dans cette courte période de 5 ans.

D'après les *statistiques du Ministère du Commerce*, il meurt 202 enfants de 0 à 1 an pour 1.000 nés dans la même année, ce qui a fait la somme de 156.348 pour les 773.969 naissances qui ont été enregistrées en 1907.

D'autre part, la même statistique accuse une mortalité moyenne de 20,8 pour 1.000 enfants de 1 à 4 ans.

Si nous admettons qu'il y ait eu, en moyenne, chaque année, pendant 5 ans, à partir de 1907, 774.000 naissances, nombre

---

1. *La mortalité infantile de 0 à 1 an.* Rapport présenté à la Commission de la dépopulation, en 1903.

évidemment un peu trop élevé, nous obtenons une mortalité totale de 534.000 enfants de 1 à 4 ans.

Et si nous l'additionnons avec les 537.736 enfants de 0 à 1 an morts dans le même temps, d'après le rapport de *Budin*, nous arriverons à la somme colossale de 1.071.741 enfants de 0 à 5 ans, morts en France, pendant 5 années.

D'après les *statistiques établies par M. Bertillon,* pour les dix années comprises entre 1889 et 1898, il y aurait eu 165 décès d'enfants de 0 à 1 an sur 1.000 des naissances enregistrées dans l'année. Si nous admettons, en compte rond, 800.000 naissances annuelles en moyenne, pour cette période où la natalité était plus élevée que dans la période de 1907 à 1912, nous arrivons à la somme de 132.000 morts par an, c'est-à-dire à 1.320.000 décès pour la période de 10 ans qui a servi aux calculs de M. Bertillon.

Ce petit calcul établit, plus simplement, qu'il meurt à peu près 1 enfant sur 6 de ceux qui sont nés dans l'année.

Plus tard, la mortalité générale des enfants de cet âge serait tombée à 1 sur 7, sous l'influence d'une active propagande faite, par le corps médical et l'administration, qui a écouté ses doléances, ses avertissements et ses conseils.

§ 2. — Statistiques urbaines et rurales.

La *mortalité infantile* est, comme la mortalité générale, *plus élevée dans les villes que dans les campagnes,* et, dans certaines villes, beaucoup plus que dans d'autres.

Ainsi, dans une étude bien faite, MM. *Balestre* et *Gilleta de Saint-Joseph* [1] ont démontré que, sur 1.000 décès de tous âges, qui se sont produits dans les grandes villes de France, il y en a 167 qui concernent les enfants de 0 à 1 an, soit, à très peu près, 132.598 pour les 793.889 décès qui ont été enregistrés, en 1907, pour toute la France.

Le pourcentage varie beaucoup suivant les villes. Ainsi pour 1.000 enfants de 0 à 1 an, il est : de 251 à Rouen,

1. *Mortalité de la 1re enfance dans la population urbaine de la France.* De 1892 à 1897. 1 vol., 1901.

294 à Lille, 342 à Dunkerque, 414 à Marc-en-Barœul, 507 à Halluin et 509 à Saint-Pol-sur-Mer, etc., etc.

Pour Paris, *Langlois*[1] a trouvé que, sur 50.000 enfants qui y naissent dans une année, il en meurt 26.000, en y comprenant les enfants qui sont envoyés en province, soit plus de 50 %.

D'une façon générale, on peut dire que la mortalité des enfants de 0 à 1 an dépasse 40 à 50 % dans les villes maritimes et industrielles (*Balestre et Gilleta de Saint-Joseph*), c'est-à-dire là où les femmes sont forcées de négliger ou d'abandonner leurs enfants, pour se livrer au travail qui doit assurer leur propre existence.

Il ressort, de ces différentes statistiques, que la mortalité des enfants de 0 à 1 an est presque aussi élevée que celle des vieillards ayant atteint 90 ans, mortalité qui, pour eux, est de 260 $^0/_{00}$ vieillards de cet âge.

§ 3. — **Principales causes pathologiques et sociales de la mortalité infantile**.

Les causes de la mortalité infantile sont assurément, très variées. Mais il y en a trois, et, surtout, la première de ces trois, qui doivent fixer notre attention d'une façon toute spéciale.

Le petit tableau ci-après, construit d'après les données de *Balestre* et *Gilleta* et celles de *Lorcin*, en donnera une idée :

	Balestre et Gilleta	Lorcin
1° Diarrhée ou gastro-entérite, sur 1000 décès de 0 à 1 an...	384.70	368 »
2° Débilité générale...................................	170.72	183 »
3° Maladies des voies respiratoires...................	147.29	78 •
	702.71	629 »

Ainsi, nous voyons que la diarrhée infantile fait, à elle seule, beaucoup plus de victimes que les 2 autres maladies réunies, et que les 3 maladies réunies embrassent les 7/10ᵉ de la mortalité infantile de 0 à 1 an.

---

1. *Précis d'hygiène publique et privée*, Paris, 1904, p. 420.

S'il est facile de déterminer, avec précision, les trois genres de maladies qui causent cette effroyable mortalité, il ne l'est pas moins de démontrer quelles sont les causes mêmes qui ont engendré ces maladies si mortelles.

Tous ceux qui se sont occupés de cette grave question sont unanimes pour affirmer que ces maladies sont dues surtout aux facteurs ci-après :

1° — Manque ou *insuffisance des soins d'hygiène alimentaire et corporelle* dus à l'ignorance ou à la pauvreté de la mère.

Un très grand nombre de mères ne savent pas ou ne peuvent pas alimenter convenablement leur enfant, pour de multiples raisons :

Soit, parce qu'elles ignorent les bonnes règles de la puériculture, c'est-à-dire de l'élevage des nouveau-nés, ce qui est extrêmement fréquent;

Soit, parce que malheureuses et obligées d'aller travailler au dehors pour gagner leur vie, même dans les derniers mois de leur grossesse, elles ont mis au monde un enfant chétif et peu résistant, qu'elles ne peuvent pas nourrir convenablement au sein, qu'elles sont obligées d'allaiter avec du lait à bas prix, souvent altéré, qu'elles ne peuvent pas, enfin, lui donner tous les soins minutieux qu'exige sa fragilité;

Soit, parce qu'elles sont obligées de confier cet enfant à une nourrice mercenaire qui le néglige pour les mêmes raisons que celles attribuées à sa propre mère, ou parce qu'elles sont mal ou même pas du tout payées.

Ce dernier fait ressort bien, quand on considère, avec M. *Bertillon,* qu'il meurt beaucoup plus d'enfants illégitimes, qui sont presque toujours abandonnés de leur père et ainsi plus ou moins forcément négligés de leur mère, qui, sans aide suffisante, doit songer à travailler pour vivre.

Leur mortalité atteindrait le chiffre énorme de 60 %.

En France, on compte plus de 150.000 enfants, légitimes ou non, qui, chaque année, sont privés de leur mère et confiés à des nourrices mercenaires.

La mortalité est, pour eux, de 50 %.

Mais on sait, de plus, que la plus grande partie de ceux qu

résistent à la mort, dans la première année, sont des enfants chétifs, débiles, très exposés aux maladies et à la mort.

En Angleterre, Reid, de Staffort, estime que la *mortalité infantile* est :

De 43 % plus élevée pour les enfants dont les mères *travaillent en dehors de la maison,* que pour ceux dont les mères *restent à la maison;*

De 79 % plus élevée, chez les enfants élevés au moyen de *l'allaitement mixte,* que chez ceux nourris au *sein;*

De 157 % plus élevée, pour les enfants soumis à l'allaitement artificiel pur, que pour ceux allaités au sein de leur propre mère.

De plus, il est établi que les enfants transportés en province dans leur premier mois meurent 6 fois plus que lorsqu'ils sont transportés dans leur deuxième mois.

En Belgique, on compte près de 52 % des enfants qui succombent avant l'âge de 5 ans.

2° — D'autre part, on attribue, avec raison, dans la mortalité infantile, une large part à l'*insalubrité des logements* où sont élevés les enfants, surtout ceux de la classe ouvrière, et même ceux de la petite bourgeoisie ou du petit commerce des grandes villes.

Ces logements sont, presque toujours, beaucoup trop étroits, très mal aérés et éclairés, peu ou pas ensoleillés. Leurs murs sont plus ou moins crasseux et couverts de poussières et de microbes.

Ils sont encombrés d'un mobilier plus ou moins mal tenu, imprégné de saletés et de mauvaises odeurs. L'air qu'on y respire est confiné, puant, souillé des produits volatils de la fermentation organique, tels que l'ammoniaque, les amines grasses et aromatiques, les gaz azotés alcaloïdiques, etc., toutes substances qui, d'après une récente communication de M. *Trillat*[1], ont la remarquable propriété de favoriser la conservation et la multiplication des microbes pathogènes, de les rendre plus virulents, et, conséquemment, plus contagieux et toxiques.

---

1. *Influence de la composition chimique de l'air sur la vitalité des microbes,* in *Gazette médicale de Paris* du 6 octobre 1912.

Cet air infect, dont la location ne coûte que 4 à 5 francs par an le mètre cube, pour les appartements de petits bourgeois, mais le double pour les logements ouvriers des quartiers les plus insalubres, ainsi que je m'en suis assuré dans une longue et minutieuse enquête que j'ai poursuivie de 1887 à 1892, cet air infect et si cher, dis-je, est encore plus funeste aux petits enfants, et surtout aux tout petits, qu'aux adultes, qu'il contribue à décimer, comme il a été dit plus haut.

Ainsi, *Cury*[1], dans une étude fort instructive, a démontré que, alors qu'il ne meurt que 32 enfants sur 1.000, dans les quartiers riches et salubres, et que 68, dans les quartiers aisés et moins salubres, il en meurt 106, dans les quartiers insalubres habités par les travailleurs pauvres ou voisins de la pauvreté.

D'une façon générale, on peut dire que, dans toutes les grandes villes, la *diarrhée infantile* tue 10 fois plus d'enfants dans les quartiers pauvres et insalubres, que dans les quartiers riches et salubres.

Dans la dernière *statistique du Ministère de l'Intérieur* (*Officiel* du 20 septembre 1912), qui porte sur 5 ans (de 1906 à 1910), il ressort que la *diarrhée infantile* tue, environ deux fois plus d'enfants de 0 à 1 an dans les villes contenant plus de 5 mille habitants, que dans les campagnes et les villes qui contiennent moins de 5 mille habitants.

Il ressort aussi, du même document, que la mortalité générale due à cette terrible maladie s'est progressivement abaissée de 119.237 (1906) à 88.033 (1910), sous l'influence des mesures d'hygiène et de salubrité qui ont été vulgarisées.

La moyenne de la mortalité générale des 5 ans a été ainsi de 103.309.

Et c'est là une indication très encourageante, qui engage à persévérer dans la voie de l'enseignement.

Mais il ressort aussi, que, durant le terrible été de 1911, la mortalité s'est, de nouveau, accrue de plus de 20.000 morts, en 5 mois.

Si nous ajoutons cette recrudescence de morts à la moyenne

---

1. *Hygiène sociale de la grossesse dans la classe ouvrière*, Thèse de Paris, 1898.

des 5 années ci-dessus de la statistique officielle, moyenne qui
est de 103.309, nous aurons une mortalité totale de plus de
123.309 décès d'enfants de 0 à 1 an emportés par la diarrhée
infantile.

On peut admettre que la distillation, par l'excès de chaleur
de 1911, d'une plus grande quantité des matières volatiles
incriminées par M. *Trillat* et citées plus haut, n'est pas étran-
gère à cette recrudescence de la mortalité infantile excessive
de 1911.

D'autre part, quand cet *air infectieux* et *toxique* des logements trop étroits et insalubres ne tue pas tout à fait les enfants, il *enraie nettement leur développement.*

Cela résulte des recherches étendues poursuivies par le
Bureau d'éducation d'Écosse, pendant l'année 1905-1906, sur
la population des écoles publiques de Glascow, qui ne comprenait pas moins de 72.857 enfants de 5 à 13 ans, dont
35.474 fillettes.

Cette enquête a nettement établi que la progression normale du poids et de la taille de ces enfants est manifestement
enrayée par l'insalubrité de leurs logements.

Enfin, dans un récent travail de M. *Gindes,* traitant aussi
de l'*influence du logement sur la croissance,* travail analysé
par M. *Schreiber*[1], il ressort, avec non moins d'évidence, que,
dans l'enquête du *Bureau d'éducation,* l'air confiné, usé, des
petits logements encombrés et surpeuplés contrarie fortement
la croissance normale des enfants.

Les deux courbes correspondant, l'une au nombre de personnes habitant des chambres de capacités connues, l'autre
aux anomalies de développement des tout petits, sont assez
exactement parallèles.

En somme, il n'y a, dans tout cela, rien qui soit de nature à
surprendre ceux qui ont observé et réfléchi sur la question.
Les résultats cités sont en concordance avec les données générales de la science en ces matières.

3° — Pour terminer, il est indispensable de faire ressortir

---

1. *Presse médicale* du 16 octobre 1912.

que l'*abus des boissons alcooliques* commis par les parents est aussi, avec beaucoup d'autres agents toxiques, une cause des plus importantes qui contribue à accroître la mortalité des petits enfants par la débilité générale et l'insuffisance de résistance qu'elle imprime à leur organisme.

Et quand elle ne les tue pas tout à fait, elle en fait des atrophiés, des rachitiques, des idiots, des candidats à la folie et au crime, etc., qui sont, pour la société, des résultats encore pires que leur mort.

De toutes ces considérations, une conclusion est à retenir : c'est la nécessité qui s'impose de *combattre l'ignorance de tout le monde* et spécialement celle *des mères,* en matière d'élevage, non seulement en leur inculquant, au moins, les éléments de la *puériculture scientifique,* théorique et pratique, mais aussi, en les mettant à même de l'appliquer convenablement, dans tous les cas, sinon pleinement.

§ 4. — **Avortements et Mortinatalité.**

Dans une étude comme celle qui nous occupe, on ne saurait se borner à la mortalité infantile de 0 à 1 an, ni même à celle de 1 à 4 ans.

La *puériculture* ne s'arrête pas aux enfants nouveau-nés, pas plus qu'à leurs premières années.

Elle s'étend aussi à toute la période des 9 mois qui précède leur naissance, jusqu'à leur conception qu'elle dépasse même largement, si nous voulons aller jusqu'au bout, ainsi que l'exige la saine logique.

Il est donc nécessaire de chercher ce qui se passe, au moins dans cette période de gestation de 9 mois.

Eh bien, dès qu'on y jette les regards, on y constate les faits navrants que voici, très succinctement exposés.

Les statisticiens admettent que 40.000 enfants environ, ayant atteint ou dépassé l'âge de la viabilité (6 mois) meurent, chaque année, dans le sein de leur mère, et cela, du fait de *diverses intoxications* telles que :

la *syphilis* (15 à 20 %) ;

la *tuberculose* (30 %) ;

l'*alcoolisme* des parents (42 %), d'après le Dr *Arrivé*[1] ;

le *saturnisme* (58 %), d'après *Fricks ;*

le *tabagisme* dû au travail du tabac dans les manufactures (45 %), d'après le Dr *Jacqueminot.*

Ici encore, l'*influence de l'alcool* a été particulièrement bien étudiée. Les recherches ont démontré que la mortinatalité augmente avec la consommation de ce *poison,* et qu'elle diminue avec elle.

Ces faits sont particulièrement bien établis pour la France, l'Allemagne, la Suède et la Norvège, pour ce dernier pays surtout où de sages mesures législatives sont arrivées à faire tomber la consommation, par habitant, de 8 à 9 litres à 1 litre 5.

Il faut noter aussi que les mauvaises conditions d'existence dans lesquelles se trouvent beaucoup de mères, telles que la misère, les privations de nourriture, les excès de travail forcé, la mauvaise hygiène générale, etc., etc., jouent naturellement un grand rôle dans la mortinatalité.

Et ce rôle grandira encore, à nos yeux, si nous considérons :

Que plus de 600.000 femmes, à raison de 73 pour 100 hommes, travaillent régulièrement dans les différentes industries ou les différents commerces du département de la Seine ;

Que l'on en compte, pour toute la France, près de 7 millions, qui, sans foyer matrimonial, seules, sont obligées de se suffire à elles-mêmes, par leur propre travail ;

Que 3 autres millions, à peu près, de femmes mariées, sont forcées de s'éloigner de leur foyer et de leurs enfants, pour aller gagner le maigre salaire nécessaire, qui complétera le paiement des dépenses du ménage, que la paie du mari ne peut arriver à couvrir.

Et tout cela, sans parler de la phalange innombrable de toutes les femmes qui travaillent dans leur propre domicile.

Ici, il est nécessaire de faire bien remarquer que, dans ce

---

1. *De l'Influence de l'alcoolisme sur la dépopulation,* Paris, 1889.

nombre de 40.000 enfants viables et mort-nés, ne sont compris, ni les *avortements criminels* et tenus secrets, qui frappent les enfants de plus de 6 mois, ni les *avortements fœtaux*, *embryonnaires* ou *ovulaires,* survenus spontanément ou accidentellement, ou bien dus à un état pathologique connu, ou encore provoqués dans un but thérapeutique ou criminel, ces différentes variétés d'avortement n'étant pas déclarées, ou ne devant pas figurer dans les statistiques.

Tous ces genres d'avortements sont plus nombreux que beaucoup pourraient le penser.

Pour en donner une idée, il me suffira de citer l'opinion de M. *Laccassagne,* professeur d'hygiène et de médecine légale à la Faculté de Médecine de Lyon, qui estime que, dans cette ville, il y a plus d'avortements que de naissances.

Il est permis de penser qu'il doit en être de même, au moins pour Paris et les autres grandes villes de France.

On compte, environ, 150.000 avortements spontanés ou pathologiques. Si l'on ajoute, à ce nombre, les 134.000 morts de 0 à 1 an, plus celles de 1 à 4 ans, et, enfin, les 150.000 tuberculeux, on arrive à faire la *somme effroyable de plus de 400.000 vies qui, chaque année, disparaissent prématurément.*

Enfin, on estime que 300.000, au moins, de ces décès prématurés pourraient être évités, si l'économie domestique, la puériculture et l'hygiène étaient largement enseignées, théoriquement et pratiquement, et, ensuite, bien pratiquées par toutes les mères.

ABAISSEMENT CONTINU DE LA NATALITÉ
PAUCINATALITÉ

CHAPITRE I

ÉVOLUTION DE LA CROISSANCE DE LA NATION FRANÇAISE

L'abaissement de la natalité est le deuxième grand facteur de la dépopulation de la France. On pourrait, tout aussi bien, sinon mieux, dire qu'il en est le premier.

Cet abaissement de la natalité n'est point un phénomène absolument nouveau, dans notre pays. Les statisticiens démographes le suivent depuis longtemps, et ils ont démontré qu'il est constant, en France, depuis 4 à 500 ans, mais surtout depuis le xvıᵉ siècle [1].

§ 1. — Coup d'œil sur l'histoire des recensements.

D'après le recensement des feux qui eut lieu à l'avènement, en 1328, de Philippe VI de Valois (1293-1350), les familles ayant de 15 à 18 enfants étaient très nombreuses, la France était très prolifique.

Au début du xvᵉ siècle, sous le règne de Charles VI (1368-

---

1. Voir sur la question :

1º Jacques Bertillon, *La dépopulation de la France*, 1 vol., Paris ;

2º A. des Cilleuls, *L'Arrêt dans la population française, ses causes dans le passé, ses effets dans l'avenir ;*

3º *Revue hebdomadaire : Enquête sur la dépopulation française ;*

4º Les différents discours prononcés sur la question par MM. *Piot, J. Reinach, Gauthier de Clagny*, au Sénat ou à la Chambre, par M. *Ch. Bouchard*, à l'Institut de France.

1422), on comptait encore 6,8 enfants par mariage et 5,8 vers la fin du même siècle.

Au début du xvie, sous François Ier (1494-1547), un grand nombre de charges ayant été rendues vénales, les familles s'efforcèrent d'épargner le plus possible, pour pouvoir les acheter. De là, la nécessité de restreindre le nombre des enfants, pour mieux économiser.

Quand Louis XIV monta sur le trône (1643), on comptait encore 5 enfants par ménage, mais ce nombre était déjà tombé à 4,5, lorsqu'il mourut (1715).

En 1778, quatre ans après le commencement du règne de Louis XVI (1754-1793), le recensement accusait une natalité annuelle de 40 °/₀₀, c'est-à-dire de 40 naissances pour 1.000 habitants, coefficient qui correspondait, à peu près, à 4,2 par ménage, et qui existait encore, lorsque la Révolution éclata, mais qui baissa bientôt à 3,7, au début du xixe siècle.

§2. — Résultats sommaires des statistiques du XIXe siècle jusqu'à nos jours.

Depuis la Révolution, ce coefficient n'a pas cessé de diminuer pour tomber à 19,7 °/₀₀, en 1907, et à 19 °/₀₀, en 1911, année où il n'y a eu que 742.114 naissances enregistrées (32.276 de moins qu'en 1910), coefficient équivalant à peu près, à 2,5 par ménage.

Autrefois, l'*excédent des naissances sur les décès* était relativement énorme. Mais il a diminué continuellement, parallèlement à l'abaissement de la natalité.

En 1881, cet excédent était encore de 108.229. Mais il est tombé successivement à 44.772, en 1889, et à 26.651, en 1906. Il tend manifestement vers zéro.

Notre population reste ainsi plus ou moins stationnaire.

Bien plus, plusieurs fois déjà, l'excédent des naissances sur les décès a même fait place au phénomène inverse de l'*excédent des décès sur les naissances*.

Ainsi, cet excédent de décès sur les naissances a été de

37.724 en 1890, de 25.998 en 1900, de 18.666 en 1903, de 19.920 en 1907, et enfin, de 3.489 en 1911.

Le nombre des naissances qui, avant 1870, dépassait 1 million, qui est tombé au-dessous de 800.000, en 1906, « arrivera, disait *Leroy-Beaulieu*[1], en août 1908, d'ici 12 à 15 ans, à 700.000 ».

« A cette époque, ajoutait l'éminent économiste, la natalité française sera inférieure de 100.000 naissances, sur la mortalité. »

D'après E. Borel[2], l'excédent moyen des naissances sur les décès était, en 1906, de 7 pour 10.000 habitants.

Mais cette moyenne n'était atteinte ou dépassée que dans 37 départements sur 86. Dans la plupart des 49 autres, la natalité était inférieure à la mortalité.

La *statistique officielle* de 1911 établit des résultats encore pires que les précédents, à ce point de vue. D'après ce document, l'excédent des naissances sur les décès ne s'est montré que dans 22 départements seulement, et, pour plus de précision, dans 112 arrondissements sur 362. Mais là, encore, cet excédent a baissé notablement sur ce qu'il était, les années précédentes.

Dans les 64 autres départements, on a enregistré un excédent de décès sur les naissances.

Les années où le nombre des naissances a été inférieur à celui des décès sont de plus en plus rapprochées, ce qui ne peut qu'augmenter l'inquiétude. Elles se sont reproduites *5 fois en 20 ans.*

On peut dire qu'à chacune d'elles, la France a perdu une ville plus ou moins grande, un régiment ou même un gros corps d'armée.

<h3 style="text-align:center">§ 3. — Décroissance de la natalité
dans quelques nations étrangères.</h3>

Sans doute, l'abaissement de la natalité n'est pas un phé-

---

1. *Commentaires du dernier recensement. Journal des Débats*, n° du 29 août 1908.
2. *Étude sur la statistique de 1906. Revue du Mois,* n° du 10 janvier 1908.

nomène spécial à la France. D'après *Vitti*[1] et bien d'autres, on le retrouve dans toutes les nations civilisées. Mais, nulle part, il n'est aussi accentué que dans notre pays.

Ainsi, en *Angleterre*, d'après *J. Arren*[2], la diminution des naissances a été relativement grande, dans la période qui s'étend de 1878 à 1889. La natalité est descendue de 35,5 à 30,5 entre ces deux extrèm es.

Depuis 1889, la natalité n'a pas cessé de baisser dans ce pays[3]. Les dernières statistiques, qui portent sur l'année 1910 et qui ont été publiées tout récemment, démontrent qu'il n'y a eu, pendant cette année, que 24,4 naissances pour 1.000 habitants.

C'est là, l'abaissement le plus bas qui ait été constaté jusqu'ici, en Angleterre. Mais il ne semble pas devoir s'arrêter à ce degré. Ce que l'on sait, en effet, de l'année 1911, porte à penser que cet abaissement est tombé à 24, sinon plus bas.

Ce fléchissement de la natalité n'est point compensé, comme on pourrait le croire, par un abaissement parallèle de la mortalité. En effet, celle-ci qui, en 1911, était de 14,6 décès pour 1.000 habitants dépasse encore de 1,1 le pourcentage de l'année précédente.

Enfin, il est à remarquer que, d'après les mêmes statistiques, le nombre des mariages n'a pas cessé, non plus, de diminuer et que, depuis 30 ans, il est tombé de 20 %.

De même, en *Allemagne*, la fécondité n'a pas cessé de diminuer, d'une façon générale.

Il résulte, en effet, des rapports officiels[4], que la moyenne des naissances, de 42,6 pour 1.000 habitants qu'elle était, en 1875, est tombée à 34 % en 1905, et à 31 % en 1910.

Depuis, le professeur *Silbergleit*, directeur de l'*Office de statistique* de la ville de Berlin, a fait savoir que les statistiques n'ont pas cessé d'enregistrer des diminutions encore plus fortes dans différentes grandes villes.

---

1. *La population et le système social,* 1897.
2. *Le suicide social. Correspondant* du 25 novembre 1906.
3. *Frankfürter Zeitung,* 9 octobre 1913.
4. *Temps,* du 12 juillet 1912.

Le taux d'accroissement ne s'est maintenu que parce que, dans le même temps, le nombre des décès a été abaissé de 28 à 17 ‰, *grâce aux excellentes mesures sanitaires qui ont été prises,* tout spécialement contre la mortalité infantile.

En 1871, sur une population de 40 millions d'habitants, il mourait, chaque année, 450.000 enfants, âgés de moins de 1 an, soit, environ 10,7 %.

En 1910, avec 25 millions d'habitants en plus, soit avec une population de 65 millions, la mortalité infantile s'était abaissée à 350.000 enfants de moins de 1 an, soit à 5,3 %.

L'abaissement de la natalité est particulièrement sensible dans le royaume de Prusse, ainsi qu'il résulte d'un rapport officiel tout récent du consul de Dusseldorf.

Il y est démontré que, pour une population de 40 millions d'habitants, le nombre des naissances n'a été, en 1911, que de 1.220.000, présentant ainsi une diminution de 34.000 sur celui de 1910, 34.000 sur 1909 et 84.000 sur 1908.

La natalité a subi une diminution encore plus importante dans les grandes villes.

A Dusseldorf, après avoir baissé régulièrement, depuis 1907, elle a perdu plus d'un tiers de sa valeur primitive.

De même, à Berlin, d'après le professeur *Werner Sombart*[1], la décroissance serait encore plus considérable.

Pour 1.000 femmes mariées, elle est tombée, de 2.403 naissances qu'elles produisaient en 1876, à 1.097 en 1905, soit une diminution de 57 % dans l'espace de 20 ans.

On pourrait faire des considérations analogues en examinant la natalité et la mortalité des *autres nations.*

Ainsi, d'après le professeur *Silbergleit* cité plus haut, la natalité, pour 1.000 habitants, aurait été, en moyenne, en 1912, de 29,7 en Allemagne, de 25 en Angleterre, de 34 en Autriche, 24 dans la Basse-Autriche et 33 en Italie.

Si il est bien établi que, d'une façon générale, la natalité a nettement fléchi dans toutes les nations civilisées, quoique sensiblement moins qu'en France, en revanche, il n'est pas

---

1. *Les signes d'arrêt de l'accroissement de la population allemande.* In *Documents du Progrès,* 1907.

moins bien prouvé que leur mortalité générale s'est abaissée dans de larges proportions, surtout en Allemagne, grâce aux progrès de la civilisation et de l'hygiène.

Il en est résulté, dans tous les cas, un gros *excédent annuel des naissances sur les décès* qui leur a assuré un accroissement énorme par rapport à celui de la France.

§ 4. — Croissance de la France comparée à celle des autres nations.

Cet excédent, très variable, suivant la nation considérée, ressort très bien, à la simple inspection du tableau ci-après, où il correspond à **10.000** habitants de chacune des nations étudiées de 1901 à 1905[1].

Tableau représentant l'excédent des naissances sur les décès pour 10.000 habitants de 12 nations.

Pays-Bas	155	États-Unis	130
Allemagne	149	Autriche	121
Norvège	144	Hongrie	110
Nouvelle-Zélande	140	Suède	108
Angleterre	131	Italie	106
Australie	130	France	18

C'est grâce à cet excédent de la natalité sur la mortalité que chacune des 5 grandes nations d'Europe, l'Allemagne, l'Autriche-Hongrie, les Iles Britanniques, la France et l'Italie, ont pris de 1851 à 1906, le développement représenté dans le tableau ci-après :

Accroissement de cinq grandes nations de 1851 à 1906.

	NOMBRE D'HABITANTS en 1851	NOMBRE D'HABITANTS en 1906
Allemagne (États)	35 millions.	60 millions.
Autriche-Hongrie	30 —	47 —
Iles Britanniques	27 —	43 —
France	35 —	39 —
Italie	24 —	33 —

1. Sicard de Plauzoles, *La maternité et la défense nationale contre la dépopulation*, 1 vol. in-8, Giard et Brière, édit., Paris, 1909.

Ainsi, pendant que notre pays ne gagnait à peine que 4 millions, en compte rond, les 4 autres nations s'accroissaient, respectivement, de 25, 17, 16 et 9 millions.

Actuellement, en 1913, l'écart est naturellement encore sensiblement plus grand. Nous savons, en effet, que, pendant que la France est restée, à peu près, sur ses 39 millions de 1906, l'Allemagne est arrivée à 67 millions.

Décroissement du pourcentage de la population française contenue dans la population européenne, de 1700 à 1908.

Si maintenant nous cherchons à nous faire une idée du *pourcentage* qui, dans la masse globale de la population européenne, est revenu à la France, de 1700 à 1908, nous constaterons qu'il n'a pas cessé de baisser dans des proportions énormes, en voyant le tableau ci-après [1] :

	POPULATION européenne.	POURCENTAGE de la France.
1700	50 millions.	40 %
1789	95 —	27 —
1815	130 —	20 —
1880	270 —	13 —
1908 (avec les États-Unis et le Japon), compris dans le concert européen	525 —	8 —

Ainsi la France qui, en 1851 encore, était la plus peuplée et la plus puissante des nations d'Europe, n'occupe plus, aujourd'hui, que le 4e rang. Et elle passera même sûrement, avant longtemps, au dernier rang, si l'on ne trouve pas les remèdes capables de guérir le mal qui la ronge.

§ 5. — Comparaison des croissances de la France et de l'Allemagne.

La *fécondité allemande,* malgré les quelques signes de déchéance qu'elle présente, depuis quelques années, doit tout particulièrement fixer notre attention.

1. Sicard de Plauzoles, *loc. cit.*

En 34 ans, de 1866 à 1900, l'accroissement de sa population a été 10 fois plus fort que celui de notre propre population.

Aujourd'hui, grâce à son énorme natalité qui, malgré tout, croît sans cesse, finalement, grâce à sa faible mortalité qui diminue encore, l'Allemagne est arrivée à avoir, chaque année, un excédent énorme de naissances sur les décès, excédent qui oscille entre 900 mille et 1 million, alors que la France ne peut enregistrer que le minime excédent de 20 à 30 mille, environ, et encore, quand elle ne se trouve pas en face d'un déficit égal ou supérieur, comme cela est arrivé 5 fois en 20 ans.

Cet excédent assure, à notre rivale, tous les ans, un contingent militaire qui est de moitié, au moins, plus fort que le contingent français, ce qui lui permet d'avoir une force armée supérieure et sans cesse plus menaçante.

Alors que nous éprouvons les plus grandes difficultés pour former le 4e bataillon de nos régiments, l'Allemagne, elle, organise, ou peut organiser facilement, des régiments nouveaux et des corps d'armée.

§ 6. — Inquiétante prévision de Leroy-Beaulieu.

Mais, si le présent est, pour nous, l'objet de gros soucis, la perspective de l'avenir est effroyable.

L'éminent économiste *Leroy-Beaulieu* a calculé, en effet, que, si les phénomènes ci-dessus exposés continuent encore pendant 38 ans, jusqu'en 1950, la France n'aura que 41 millions d'habitants, à peine, alors que l'Allemagne en aura 95 millions et peut-être même 100 millions.

La situation peut encore être pire, si l'excédent des décès sur les naissances se répète assez souvent, ainsi que cela est à craindre.

Les Allemands suivent, avec le plus vif intérêt, cette décroissance relative de notre organisme national, en fondant sur elle les plus grandes espérances.

Tout récemment encore, un député allemand, le comte *Kanitz,* disait, devant le Reichstag, dans sa séance du 8 avril 1913, que la France serait fatalement de moins en moins redoutable, affirmant que, le siècle prochain, elle ne comprendrait plus que 25 *millions de Français* seulement.

CHAPITRE II

GRAVES DANGERS DONT EST MENACÉE LA FRANCE

§ 1. — Graves menaces du maréchal de Moltke et du Parti militaire allemand.

Il n'est pas nécessaire de réfléchir bien longtemps sur les faits et les considérations que nous venons de faire ressortir, pour comprendre que notre pays, la France, se trouve exposé à de multiples périls, et même aux pires dangers, qui ne peuvent que grandir avec le temps.

Les qualités militaires, l'instruction, l'armement, etc., des différentes nations, qui constituent l'Europe ou le concert européen, étant à peu près égales, sinon identiques, il n'est pas douteux que le nombre des combattants ne doive jouer, normalement, un rôle décisif, dans les futures guerres qu'elles se feront, un jour ou l'autre.

Cette conviction s'impose surtout, quand on considère la France et l'Allemagne. Il apparaît nettement que si l'infériorité numérique de nos armées est par trop accentuée, nous serons nécessairement vaincus.

A valeur militaire égale, la victoire appartient toujours aux plus gros bataillons les mieux commandés.

Cette affirmation découle des jugements formulés par les spécialistes les plus compétents, tels que le général *Toutée* et le maréchal allemand *de Moltke,* l'un des principaux vainqueurs de l'année terrible, qui, jusqu'à sa mort, est resté le plus grand ennemi de la France.

En comparant la natalité de notre pays à celle de l'Allemagne, le général *Toutée* faisait remarquer tristement que, l'Allemagne s'accroissant, tous les 5 ans, de quatre millions d'âmes, alors que la France ne gagnait presque rien, c'était « comme si chaque lustre versait un régiment de plus dans chacun des nombreux corps d'armée de notre redoutable rivale ».

Quant au vieux maréchal *de Moltke*, il aimait à répéter, le cœur rempli de joie et d'espérance, tout en faisant la même comparaison :

Que « depuis 1870, la France n'avait pas cessé de perdre une bataille par jour » ;

Ou bien,

« Que le terrain compris entre les Vosges et les Pyrénées n'est pas fait pour que 38 millions de Français y végètent, alors que 100 millions d'Allemands y peuvent prospérer » ;

Ou bien encore,

« Que le fils unique de la famille française est *inexorablement* destiné à être dépouillé par les 5 fils de la famille allemande. »

De son côté, le prince *de Bismarck* disait souvent :

« La guerre de 1870, comparée à la prochaine guerre, n'aura été qu'un jeu d'enfants.

« *Le peuple vaincu sera saigné à blanc et rayé à jamais de la liste des grandes nations.* »

Nous avons des raisons sérieuses de penser que, depuis la mort du vieux maréchal et du *prince de Bismarck*, nos voisins n'ont rien abandonné de leurs menaces et de leurs espérances. Bien au contraire. *Le parti militaire allemand les cultive avec soin. Il se montre même souvent, sans raison, plus ou moins provocateur, agressif.* Et c'est là, pour nous, un réel danger, surtout pour l'avenir.

Pour étayer cette affirmation, je ne citerai que le fait suivant, *choisi au milieu de beaucoup d'autres.*

Il y a peu de temps, le *général von Bernhardi*, du grand État-major prussien, s'est encore distingué parmi les plus agressifs de ce *Parti militaire*, en écrivant :

« *Il faut écraser la France et en finir avec elle par la force des armes.*

« *Il faut lui faire une « guerre-au-couteau » qui anéan-tira, pour toujours, sa situation de grande Puissance et en-traînera sa disparition ou son asservissement définitif.* »

Puis, il ajoute que le *Parti militaire* doit s'entendre et combiner ses efforts avec la *Diplomatie allemande*, pour pro-voquer adroitement la France, sans en avoir l'air, la blesser, et l'obliger, ainsi, à déclarer la guerre à l'Allemagne. Il fait remarquer, enfin, que, si on le veut bien, les occasions ne manqueront pas [1].

Et en effet, depuis quelques années, nous avons subi une série de provocations, qui ont mis le sang-froid de la France à de rudes épreuves morales.

Soyons certains que la série est loin d'être épuisée.

§ 2. — Envahissement dit pacifique de la France par l'Allemagne.

En attendant qu'ils puissent faire la conquête projetée de notre cher pays de France, les Allemands se consolent, en l'envahissant pacifiquement sur tous les points les plus im-portants, et, surtout par nos grandes villes.

C'est ainsi qu'au dernier recensement de 1911, on a pu compter, à Paris seulement, plus de 30.000 Allemands.

Les Allemands s'infiltrent, peu à peu, dans toutes les par-ties de notre organisme national. Si encore c'était pour le for-tifier. Mais nous savons tous, par une expérience longue et douloureuse, que c'est pour lui faire une *guerre industrielle et commerciale désastreuse,* une guerre déloyale, hypocrite et sournoise, enveloppée des apparences pacifiques, mais bien destinée à l'affaiblir sans cesse et de toutes façons, pour en mieux assurer la conquête rêvée.

Certes, les phénomènes d'infiltration et d'invasion pacifi-ques n'ont rien qui puisse nous étonner. Bien au contraire. Car nous savons qu'ils sont la conséquence d'une *loi natu-*

1. *L'Allemagne et la prochaine guerre,* brochure en langue allemande, mars 1912, et journal *Le Temps,* du 10 mars 1912.

relle de mécanique sociale qui, elle-même, découle de la *loi* la plus générale de la mécanique, loi qui gouverne tous les phénomènes de la nature et que l'on peut formuler en disant que *la rupture d'équilibre qui se produit entre deux forces est toujours nécessairement engendrée par la différence du potentiel qui s'écoule de la force la plus grande vers la force la moins grande.*

Aussi, dans le cas spécial qui nous occupe, nous comprenons parfaitement que la supériorité énorme de la *fécondité* allemande, que l'excédent, non moins grand de sa *natalité* sur sa *mortalité,* engendrent une *différence de densité sociale,* c'est-à-dire de *potentiel numérique,* qui rompt l'équilibre et établit le courant d'invasion de l'Allemagne vers la France.

Au lieu du potentiel numérique, nous aurions pu considérer avec autant de raison, n'importe quelle autre forme de potentiel, telle que les formes militaire, industrielle, commerciale, sanitaire, artistique, intellectuelle, morale, etc., etc., qui, cela va sans dire, se synthétisent toutes dans un même *système social,* c'est-à-dire dans un même *organisme collectif.*

En définitive, nous pouvons conclure, en formulant que, *dans la balance des forces sociales, la nation qui a le plus fort potentiel, partiel ou synthétique, doit fatalement dominer celle qui a le potentiel correspondant le moins fort.*

Et voilà pourquoi notre chère *Patrie est très gravement menacée,* non seulement dans les supériorités actuelles qu'elle peut encore avoir, qu'elle a certainement à différents points de vue, mais même dans sa propre *existence nationale.*

Ne l'oublions jamais.

CHAPITRE III

RECHERCHE DES CAUSES DE L'ABAISSEMENT DE LA NATALITÉ

Notre organisme national qui, normalement, devrait continuer sa croissance, est frappé d'un énorme ralentissement de développement, presque d'un arrêt complet.

Depuis vingt ans, il a même présenté, fréquemment, les symptômes les plus certains de la très dangereuse maladie de la décroissance. Il tend manifestement, de plus en plus, à diminuer, à *s'atrophier*.

Pendant ce temps, son plus redoutable voisin, qui, lui, ne cesse de développer rapidement son corps déjà colossal, ainsi que toutes ses forces, se réjouit de la maladie de notre nation.

Il en observe les progrès, le cœur rempli de joie et d'espérance, et ne se gêne point pour déclarer qu'il en profitera, au moment opportun, pour le tuer tout à fait et s'emparer de ses dépouilles.

§ 1. — Préoccupations des esprits clairvoyants.

Tous ces faits, bien établis et bien connus, ont été proclamés de divers côtés et sur tous les tons. L'alarme a déjà été souvent sonnée.

Mais, malgré tout, le mal continue, et en l'aggravant, son œuvre de destruction. Et loin de s'en émouvoir et de chercher à combattre la maladie qui le ronge, notre peuple continue à se ronger, c'est-à-dire à se diminuer volontairement, à se rapetisser. Il semble marcher inconsciemment vers son propre suicide et celui de notre grande et forte race, orgueil et espoir de l'Humanité.

Cependant, cette terrible perspective, qui remplit de patriotiques angoisses le cœur d'un grand nombre de bons Français clairvoyants, a sérieusement attiré l'attention de certains hommes politiques.

Parmi eux, s'est trouvé *Waldeck-Rousseau*. Cet éminent homme d'État a compris la nécessité de chercher, sans tarder davantage, à enrayer le mal, et, pour atteindre ce but, il a constitué une grande commission, la *Commission de la Dépopulation*, au moyen des hommes les mieux qualifiés, parmi les savants, les médecins, les économistes, les philosophes, etc., en les chargeant de rechercher et de préciser les causes et les remèdes de la maladie à combattre.

La Commission a longtemps travaillé et donné ses avis. Malgré tout, les pouvoirs politiques n'ont encore adopté aucune mesure législative pour atteindre le but visé. Sans doute, ils estiment qu'ils ne sont pas encore suffisamment éclairés sur les causes et les remèdes cherchés [1].

Essayons donc, à notre tour, d'apporter notre modeste contribution, pour la solution du difficile problème, en passant en revue, au moins les principales de ces causes et les meilleurs des remèdes qui nous semblent propres à les combattre efficacement.

§ 2. — Rôle de la dégénérescence pathologique d'après les médecins cliniciens.

Les causes de la dépopulation sont très variées. Une des principales est la mortalité, et, surtout, son excès sur la natalité. Je l'ai déjà examinée. Je ne m'en occuperai plus ici.

Je ne m'arrêterai que sur les causes qui tendent à abaisser la fécondité, à diminuer la natalité.

La dégénérescence de la race engendrée par l'hérédité de l'alcoolisme, des névropathies et des psychopathies, etc., a été tout d'abord incriminée.

On sait, en effet, aujourd'hui, après avoir fait de nombreuses

---

1. Tout récemment, une nouvelle grande commission de 300 membres a été formée pour poursuivre le même but.

recherches, que ces différentes variétés de maladies, ou mieux de *diathèses constitutionnelles,* font des générations d'individus qui sont plus ou moins condamnés à la *stérilité.*

D'après le professeur *Morel,* de Nancy, qui s'est spécialisé dans l'étude de la question, on a soutenu que la décrépitude de la race, la descendance vésanique, pourrait s'étendre jusqu'à la quatrième génération.

Pour donner une idée de la marche de son extension, on peut citer le suicide qui a été considéré comme une des conséquences de cette dégénérescence.

En 1850, on en comptait 2.000, pour une population de 35 millions. En 1900, ce nombre s'était élevé à 9.000 pour une population de 37 à 38 millions, d'après *Denais* (Thèse de Doctorat, p. 76).

§ 3. — Rôle des intoxications carnées dans l'infécondité et la mort de la race.

Dans ces derniers temps, M. *Frédéric Houssay,* professeur à la Faculté des Sciences de Paris, a repris l'étude expérimentale de *l'influence du régime alimentaire sur l'Eugénique et la fécondité* [1].

Pendant 6 ans, de 1900 à 1907 exclus, il a soumis six générations de poules au régime exclusif de la viande ordinaire de boucherie dont elles se délectaient.

A. — RÉSULTATS D'ABORD FAVORABLES PUIS DÉFAVORABLES.

Pendant 2 ans, le régime parut donner manifestement les meilleurs résultats. Accroissement de la taille, de la ponte, de la beauté du plumage, etc., tout l'organisme semblait s'être beaucoup amélioré.

Si l'on s'était tenu à cette période d'observation, on aurait eu le droit de conclure que le régime était excellent.

---

1. *Eugénique et régimes alimentaires,* in *Eugénique,* organe de la Société française d'Eugénique, n⁰ˢ 1 à 4, janvier à avril 1913.

Mais la continuation de l'expérience obligea l'observateur à changer complètement d'avis, en notant les symptômes les plus manifestes et sans cesse croissants de l'intoxication alimentaire, de la *fatigue organique*, de l'*arthritisme* caractérisé par des *arthrites déformantes*, des *modifications profondes dans tous les organes*, tels que jabot, gésier, intestin, foie, reins, cœcum, etc., toutes modifications qui se transmettaient par hérédité, aux jeunes poussins des générations suivantes.

Le retour au *régime végétarien* amenait une amélioration notable de tout l'organisme, et, notamment, la *guérison des arthrites.*

B. — DÉCHÉANCE DE LA FÉCONDITÉ DES ŒUFS.

L'incubation des œufs était toujours faite dans les meilleures conditions naturelles, avec d'excellentes poules couveuses.

Au début et pendant les 2 premières années où le régime se montrait favorable, tous les œufs étaient fécondés et il y avait 100 % d'éclosions.

Mais, avec la continuation du régime, les poules s'intoxiquant de plus en plus, la puissance d'éclosion de leurs œufs tomba, successivement, à 27,2 % la 3e année, à 18,6 % la 4e, à 6,35 % la 5e année, et enfin, à zéro avec le temps.

Les éclosions commencées, d'abord nombreuses, avortaient, en grande partie, au 4e ou au 5e jour.

C. — DÉCHÉANCE DE LA VITALITÉ DES JEUNES POULETS. EXTINCTION DE LEUR RACE, EN SIX GÉNÉRATIONS.

Quant aux modifications de la vitalité des jeunes poulets qui étaient parvenus à sortir de leur coquille, elles n'étaient pas moins remarquables.

Ces petits êtres étaient manifestement frappés de débilité générale, leur développement était lent, insuffisant, déformé, rachitique.

Leur résistance aux causes de maladie diminuant à mesure que s'accroissait la durée du régime, ils parvenaient de plus en plus difficilement à l'âge adulte. Le nombre de leurs malades et de leurs morts ne cessait de s'accroître d'année en année, jusqu'à l'extermination complète de la dernière génération.

Ainsi, alors que, la première année, il y avait 66,6 % de jeunes poussins qui parvenaient à l'âge adulte, il n'y en avait plus que 45,4 dans la 2e, 33,3 dans la 3e, 25 dans la 4e, et, enfin, 0 dans la 5e année.

· Voilà donc une race animale, celle du poulet, qui, en 6 générations seulement, a été complètement anéantie par une *stérilité croissante* engendrée au moyen du *régime alimentaire.*

D. — FAITS D'ORDRE CLINIQUE APPUYANT LES FAITS D'ORDRE EXPÉRIMENTAL.

Tout en se gardant de tomber dans l'exagération, on ne peut s'empêcher de se demander, en présence de ces faits expérimentaux, si les mêmes faits ne se produisent pas, chez l'homme soumis au même régime alimentaire, pratiqué dans les mêmes conditions.

On doit se demander si les nombreuses familles, qui, de très fécondes qu'elles étaient à une époque donnée, se sont anéanties, en quelques générations seulement, ne l'ont pas été précisément, soit par l'abus de l'alimentation en général, ou de tel ou tel aliment, de l'*alcool,* par exemple, soit par toute autre intoxication, qu'elle soit due à la rétention de certaines substances chimiques provenant de la vie même des organes du corps humain, ou bien à l'introduction de substances chimiques qui lui sont étrangères.

On est d'autant plus porté à incriminer la *suralimentation* avec un seul ou plusieurs aliments de choix, comme dans les expériences de M. *Houssay,* et, conséquemment, les intoxications qui résultent de l'accumulation, dans le corps, des produits de leurs dédoublements, que des cliniciens d'élite ont émis des opinions de même sens, en se basant sur leurs observations personnelles.

C'est ainsi, par exemple, que le *professeur Pinard*[1] dit

1. *Eugénique,* organe de la Société française d'Eugénique, n° 1, p. 68, avril 1913.

avoir étudié ou observé un certain nombre de familles, chez lesquelles la goutte acquise ou héréditaire avait engendré l'obésité, l'arthritisme, des enfants anormaux, l'infécondité, et, finalement, la stérilité, qui les a supprimés tout à fait, à la 3e génération.

De son côté, le *professeur E. Maurel* [1], de Toulouse, a cité un certain nombre de cas du même genre, qui se sont produits à la suite de l'abus des viandes pendant plusieurs générations.

Le *Dr Laumonier* [2] a rapporté aussi, les observations faites sur deux familles qui, malgré leur grande fécondité du début, sont devenues stériles et se sont complètement et rapidement éteintes, au milieu des manifestations arthritiques engendrées par la suralimentation et l'abus des viandes.

E. – FAITS CONCORDANTS TIRÉS DE LA PISCICULTURE.

On peut encore étayer les expériences et les observations cliniques précédentes avec les faits tirés de l'élevage des poissons.

Les pisciculteurs ont souvent remarqué, en effet, que les alevins de carpes placés en petit nombre dans un grand étang, riche en nourriture, deviennent énormes, obèses, mais, en même temps, tout à fait stériles.

Aussi, ceux qui connaissent ces faits ne manquent-ils pas de lâcher, dans l'étang qu'ils veulent peupler, un certain nombre d'alevins qui soit en rapport avec le nombre de mètres carrés donnés par le calcul, ainsi qu'avec la richesse alimentaire de l'étang, qu'ils s'efforcent d'apprécier à sa juste valeur.

F. – ESSAI SUR LA THÉORIE DE L'INFÉCONDITÉ ET DE LA STÉRILITÉ.

Quant au mécanisme de la déchéance vitale, de la diminution de la fécondité, et, finalement, de la stérilité provoquée expérimentalement par M. *Houssay,* cet auteur l'explique par une

1. *Eugénique*, n° 1, avril 1913, p. 62.
2. *Eugénique*, n° 1, avril 1913, p. 62.

véritable intoxication de l'œuf, au moyen des produits de la désagrégation de la molécule albuminoïde de la viande ingérée en excès.

D'après lui, certains de ces produits beaucoup trop abondants pour être entièrement assimilés, ou brûlés, ou expulsés par les voies ordinaires d'excrétion, telles que le foie, le rein, la peau, etc., tendent à s'accumuler dans toutes les parties du corps.

Dans ces conditions, l'organisme s'efforce naturellement de s'en débarrasser par toutes ses autres voies de sécrétion ou d'excrétion, parmi lesquelles se trouve l'*ovulation*.

L'ovule, puis l'œuf de la poule suralimentée de viande, et, plus tard, le *germe de poulet* qui s'y forme, seraient ainsi intoxiqués, et cette intoxication paralyserait plus ou moins, ou supprimerait tout à fait, selon ses degrés, l'évolution de l'ovule, et, ensuite, celle du germe qui s'y forme et du poussin qui en résulte.

De là, l'abaissement de la ponte, de la fécondité, l'établissement de la stérilité, et, finalement, l'extinction de la race.

Cette théorie est assurément très ingénieuse, fort séduisante. Les apparences plaident en sa faveur.

Mais, il y a plus. Il est possible de l'étayer avec différents faits pris de plusieurs côtés. On peut, par exemple, rapprocher de l'opinion de M. *Houssay :*

1° La *continuité héréditaire* de certaines intoxications morbides publiées par Charrin et Gley[1] ;

2° L'élimination, d'après *Phisalix*[2], par *leurs œufs*, d'une substance tout à fait semblable à celle que le crapaud, la vipère et les abeilles sécrètent par leurs glandes à venin ;

3° D'après *Robert Lévy*[3], la concentration, dans l'œuf, à mesure qu'il mûrit, de la totalité d'un poison qui se produit dans le corps de certaines araignées, les *Epeyres,* pendant la formation de leur maturité génitale seulement.

On pourrait rapprocher encore, de tous ces faits, l'élimina-

1. *Compte rendu Académie des Sciences*, 1895 et *Archives de physiologie,* 1893-1894.
2. *Compte rendu Académie des Sciences*, décembre 1903 et juin 1905.
3. *Compte rendu Académie des Sciences*, janvier 1912.

tion, par l'*œuf du ver à soie* (*bombyx* ou *magnan*), du *para-site corpusculaire* bien connu qu'y a découvert *Osimo*, que *Leydig* a rapporté à une espèce du genre *psorospermie* et dont *Pasteur* a fait, enfin, après l'avoir démontré expérimen-talement, la seule cause de la *pébrine*, la maladie parasitaire *héréditaire* du ver à soie.

On peut enfin étayer les faits précédents par un autre fait extrêmement intéressant, pris dans la *pathologie parasitaire des végétaux*, toujours si instructive.

On savait déjà, surtout depuis les belles recherches publiées, en 1865, par le professeur *de Bary*, célèbre botaniste allemand, que la *maladie épidémique* vulgairement connue sous le nom de *rouille jaune, rousse* ou *noire*, qui, à l'approche de l'été, frappe si souvent le *blé*, est due aux *spores de champignons* de la famille des *urédinées*.

Vers le mois de juin, à l'époque où se forment les éléments reproducteurs de cette plante, ces spores germent sur les feuilles du jeune blé, en y faisant des taches allongées, *jaune-orangé, jaune-roux* ou *noires*.

Leur mycélium pénétrant par les orifices respiratoires, les stomates, envahit rapidement et plus ou moins largement les feuilles, les tiges, et tous les organes aériens.

Dix jours environ, après le début de sa formation, le *mycé-lium* est déjà assez développé, pour donner une *nouvelle génération de spores* qui, emportée par le vent ou d'autres causes, se répand sur le sol et les plantes du voisinage, qu'elles contagionnent, en faisant surgir une *véritable épi-démie* dans le champ de blé, épidémie qui se propage, soit directement, de pied à pied, soit par une autre génération de spores plus tardives, dont le mycélium a évolué sur les feuilles de l'épine-vinette ou du mahonia. Ce sont ces spores, qui, transportées sur les feuilles de blé, y produisent la *rouille noire*.

Tous ces faits, bien étudiés par *de Bary*, avaient établi, ainsi qu'il vient d'être dit, le *mécanisme de la contagion et de l'épidémie*. On n'en voyait pas d'autre.

Mais, dans un certain nombre de cas bien étudiés par le

professeur *Eriksson*, de Stockholm, en 1902, sur la *rouille des céréales*, et, en 1910, sur *celle des malvacées*, le *mécanisme de l'épidémie* paraît être tout à fait différent.

Des recherches poursuivies, avec le plus grand soin, par ce savant, il résulte, en effet, que la *semence*, elle-même, serait le véritable agent de transport et d'extension de la *maladie contagieuse* et *épidémique*, de la *rouille*.

Le grain de blé, c'est-à-dire l'*œuf* qui donnera naissance à la nouvelle plante, serait donc aussi, au moins dans certains cas, porteur du *parasite de la rouille*, tout comme l'*œuf* du ver à soie est porteur du *parasite de la pébrine*.

Cependant, il existe de grandes différences dans les aptitudes de certaines variétés de blé à contracter la *maladie de la rouille*.

C'est ainsi que le *blé michigan Brance* présente un haut degré de réceptivité pour cette maladie, alors que le *blé Riéti, dont la lignée est pure,* au contraire. résiste presque toujours victorieusement à ses attaques.

Tous ces faits, on le conçoit clairement, présentent le plus haut intérêt, tout particulièrement pour l'*Eugénique* et les *lignées pures*.

Ces faits ne sont pas seulement importants, parce qu'ils démontrent que la graine, c'est-à-dire l'œuf, peut jouer un rôle fondamental dans la genèse de la *maladie* et de l'*épidémie*. Ils le sont aussi, parce qu'ils font bien ressortir l'importance de la *pureté de la lignée*. Ils constituent. tous, un enseignement lumineux pour l'*Eugénique,* humaine ou animale.

En somme. il résulte des recherches expérimentales du *professeur F. Houssay,* ainsi que des observations cliniques concordantes des *professeurs Pinard* et *E. Maurel,* du Dʳ *Laumonier,* que la suralimentation. surtout la *suralimentation carnée,* par les déviations nutritives et les intoxications qu'elle engendre. semble jouer un rôle très important dans la *dépopulation* et la *dégénérescence* des nations. que leur trop grande richesse pousse à commettre tous les excès dans la bonne chère et les plaisirs de tous genres.

Il y a lieu d'y penser très sérieusement et d'en tenir le plus grand compte, dans le choix et l'établissement du *régime alimentaire* que l'on veut adopter.

4. — Variations locales de la natalité française.

La dégénérescence n'est certainement pas une cause à dédaigner. Elle représente une part de vérité. Mais elle est encore, semble-t-il, malgré tout, peu importante, relativement aux autres causes.

La fécondité de la race française est encore excellente, quand elle n'est pas paralysée, et, surtout, si elle est favorisée.

Pour s'en convaincre, il suffit de citer les exemples suivants :

D'après la *Statistique officielle* de 1912, l'excédent des naissances sur les décès a été, pour les départements du Finistère, du Pas-de-Calais et du Morbihan, respectivement, de 73-72-70, sur chaque tranche de 10.000 habitants, alors que l'excédent moyen total, pour toute la France, n'était que de 18 sur 10.000, c'est-à-dire 1,8 sur 1.000 habitants.

Si tous les départements avaient autant de naissances, que ceux cités ci-dessus, la France s'accroîtrait rapidement.

En ne considérant que la natalité du Morbihan, *Leroy-Beaulieu* a calculé, il y a déjà longtemps, que, si tous les départements français l'avaient égalée, la France aurait eu 14 millions de citoyens de plus.

Si nous considérons la partie de la race française qui vit au *Canada*, les résultats sont encore plus probants.

En effet, le professeur *Lanctot*, de Montréal, dans le discours qu'il fit, à l'occasion de la séance d'inauguration du Congrès de médecine, qui eut lieu à Paris, en octobre 1912, nous apprit que le nombre des Français, qui n'était, au *Canada*, lors de sa cession à l'Angleterre, par le traité de Paris signé en 1763, par Louis XV, que de 60.000, s'était élevé à près de 4 millions, en 1911, c'est-à-dire en 148 ans.

Il est vrai que les familles de 10 à 20 enfants y sont très fréquentes, d'après le professeur *Lanctot*.

L'histoire nous apprend que les Français actuels du Canada descendent des colons français qui, grâce aux efforts que fit *Champlain*, sous Henri IV, sont venus, surtout, des provinces de l'Aunis, de la Saintonge, du Poitou, de la Bretagne et de la Normandie, y constituer des colonies.

On est porté à attribuer cette remarquable *natalité des franco-canadiens,* non seulement à leur fécondité naturelle, mais aussi et surtout :

A leur vie de fermiers, disposant ou pouvant disposer de vastes propriétés terriennes, dont la culture exige toujours des familles nombreuses et facilite leur multiplication ;

A leur volonté bien raisonnée de ne pas laisser noyer leur race dans la fécondité de la race anglo-saxonne, qui tend à les engloutir dans sa supériorité numérique ;

Enfin, à leur mentalité religieuse et à leur esprit de famille, qui sont dominés et dirigés par le clergé catholique.

Nous verrons bientôt un autre exemple aussi convainquant.

§ 5. — Limitation volontaire des naissances sous l'influence de la doctrine de Malthus.

D'après les professeurs *Pinard* et *Ch. Richet*[1], l'abaissement de la natalité serait, en France, un résultat voulu, bien calculé, par la presque totalité des époux. Et cette *limitation volontaire des naissances* tiendrait à de nombreuses causes, parmi lesquelles les défectuosités de notre organisation morale et familiale, économique et sociale, ne sont pas les moins importantes.

A. — RÔLE FUNESTE DU CÉLIBAT ET DE L'AMOUR LIBRE.

Tout d'abord nous devons remarquer que la *vie conjugale* n'a, dans d'innombrables cas, aucune base légale, qu'elle ne repose que sur les caprices de *célibataires endurcis,* sans

---

1. Rapport sur les causes physiologiques de la diminution de la natalité en France, in *Annales de Gynécologie*, 1903.

souci de la *morale conjugale,* que sur l'*amour libre,* qui fait et défait, avec la même facilité, avec la même insouciance, l'union des sexes troquée en son nom.

Dans la presque totalité des cas, sinon dans tous, le but poursuivi par les deux conjoints, ainsi liés, n'est pas de mettre des intérêts en commun, de les faire valoir et prospérer, d'organiser solidement un foyer domestique, de fonder une nombreuse famille et de la bien élever, selon les intérêts des enfants et de la Société.

Loin de là, le vrai but visé est purement *égoïste.* Il consiste à jouir des plaisirs de l'amour, de tous les avantages de la Société, sans avoir à en supporter les charges toujours plus ou moins lourdes.

Dans ce genre d'union, si un enfant survient, malgré toutes les précautions prises, tous les efforts faits pour l'en empêcher, il ne tarde pas, en général, à être abandonné par le père et trop souvent aussi par la mère. Et nos faux célibataires recommencent, ensemble ou séparément, leur vie de débauche, de plaisirs éhontés, ainsi que de désordres moraux et sociaux.

Certes, ce n'est pas de ce genre d'union conjugale qu'il faut attendre la repopulation de la France, ni sa régénération.

De plus, cette union, souvent ruineuse, est pleine de vices, de périls et de maux, tant pour ceux qui la pratiquent que pour la société *qui a la faiblesse de la tolérer.*

Elle contribue largement à grossir la phalange des alcooliques et des tuberculeux, la mortalité des adultes et des nouveau-nés, et surtout à développer la destruction des œufs, des embryons et des fœtus de tous les âges.

Le même raisonnement s'applique, avec plus de raison encore, aux célibataires innombrables qui font des liaisons de hasard et toujours plus ou moins fugitives.

Tout cela nous porte à conclure que le *célibat,* l'*amour libre* et le *concubinage* sont funestes pour une nation. Loin de concourir sérieusement à sa repopulation, ils en épuisent, largement et sans grand profit, les forces reproductrices.

B. — LES ARMÉES DU CÉLIBAT.

Et si, maintenant, nous jetons un coup d'œil sur les *statistiques officielles du recensement du 4 mars 1906*[1], l'effroi que nous ont causé toutes les considérations précédentes ne fera que grandir.

Nous y constaterons, en effet, que, sur une *population globale légale* de 39.252.545 *résidants français,* mais réduite à 38.844.653 *présents* à cette date, si l'on retire les 6.038.037 *garçons non mariables,* âgés de 0 à 17 ans accomplis, et les 5.035.735 *filles* également *non mariables,* âgées de 0 à 14 ans révolus, les 13.061.694 *hommes* et les 14.709.197 *femmes* qui restent se répartissent ainsi :

Sexe masculin.				
AGE.	EN-SEMBLE.	CÉLI-BATAIRES.	MARIÉS.	VEUFS ou DIVORCÉS.
18 à 19 ans révolus..	623,592	618,344	5,095	153
20 à 39 —	5.850,015	2.643,222	3.124,826	81,967
40 ans et plus.	6.588,077	645,428	5.022,069	920.580
TOTAUX..........	13.061,684	3.906,994	8.151,990	1.002,700
Sexe féminin.				
15 à 19 ans révolus..	1.602,406	1.499,971	101,384	1,051
20 à 39 —	5.959,946	1.802,773	3.959,131	198,042
40 ans et plus.......	7.146,845	780,743	4.128,319	2.237,883
TOTAUX..........	14.709,197	4.083,467	8.188,834	2.436,976

En somme, il résulte de ce petit tableau, qui est aussi exact que possible, que la population française, sur les 27.770.881 *adultes* qui la constituent, contient sûrement, au moins, 11.430.057 *célibataires mariables,* dont 4.909.694 *hommes,* âgés de 18 ans et plus, 6.520.363 *femmes,* âgées de 15 ans et plus, soit un excédent de 1.610.669 *femmes.*

1. *Résultats statistiques du recensement général de la population française effectué le 4 mars 1906,* t. I, 2° partie, Paris, Imprimerie nationale, 1910.

C. — IMMORALITÉ DES UNIONS CONJUGALES
BASÉES SUR L'ÉGOISME PERSONNEL ET AVEUGLE.

Parmi les défectuosités que la critique doit reprocher à la préparation et à la pratique de la *vie conjugale légale* de notre époque se trouvent les suivantes, qui sont, toutes, plus ou moins défavorables à la repopulation, quand elles ne contribuent pas à la dépopulation :

Dans la très grande majorité des cas, sinon dans tous, l'union des futurs époux est préparée sans qu'il soit tenu compte des meilleures convenances de leurs qualités, ou même de leurs défauts anatomiques, physiologiques et psychologiques.

Ce point de vue qui a, depuis très longtemps, pris une importance capitale aux yeux des éleveurs d'animaux, des horticulteurs, des jardiniers, etc., ne préoccupe que médiocrement, quand même ils y songent, ceux qui veulent marier ou se marier, et fonder une famille nouvelle.

Du reste, il est juste de reconnaître qu'ils manquent encore, plus ou moins complètement, de direction scientifique sûre.

Presque toujours les unions conjugales sont préparées à la légère, sans un suffisant discernement. Elles sont basées beaucoup plus sur le caprice et des convenances de position et de fortune, d'intérêts matériels quelconques, que sur toute autre considération.

Le soucis précis de rechercher les combinaisons anatomiques et physiologiques humaines qui engendreraient plus sûrement un nouvel être moins défectueux ou plus parfait que ses parents, le souci d'améliorer la race qui représente l'intérêt le plus fondamental de la famille, de la nation et même de l'humanité, ne joue, pour ainsi dire, aucun rôle, quand il en joue un, dans la préparation des mariages humains.

Si le souci d'améliorer les qualités physiques et autres de leurs enfants est très médiocre, chez les époux, en revanche celui de limiter leur nombre les préoccupe au plus haut degré, presque dans tous les cas. Les uns n'en veulent avoir que deux, les autres qu'un seul, et un très grand nombre pas du tout.

A ce point de vue la mentalité de la population n'est point meilleure que celle des célibataires et des pratiquants de l'amour libre.

Les raisons qui servent de base à la *limitation volontaire* du nombre des enfants, que l'on observe dans les ménages légalement institués, sont fort différentes, suivant la position sociale des conjoints.

D. — ROLE FUNESTE DE L'AMOUR EXCESSIF DES PLAISIRS MONDAINS, COMPLIQUÉS ET COUTEUX.

Les ménages riches de l'aristocratie et de la bourgeoisie, qui pourraient élever de nombreux enfants, refusent, en général, d'en avoir plus de 1 ou 2, afin de pouvoir continuer, malgré les frais de leur élevage, à jouir des multiples avantages et du luxe, si coûteux, de la vie contemporaine, afin de pouvoir aussi leur transmettre un héritage au moins égal à celui qu'ils ont reçu et de leur assurer la continuation du genre de vie auquel ils sont habitués.

C'est la crainte de déchoir et le désir de grossir, ou tout au moins de maintenir leur fortune, qui empêchent les riches d'avoir de nombreux enfants.

D'autres considérations, encore plus méprisables, telles que la crainte de perdre, par de nombreuses grossesses et les élevages qu'elles nécessitent, l'harmonie de ses formes, la beauté physique, les multiples plaisirs mondains, etc., poussent d'innombrables femmes des classes riches à limiter à 1 ou 2 le nombre de leurs enfants, ou même à n'en pas avoir du tout.

Jusqu'ici, la grossesse a été mal vue dans les salons et même dans la société en général. Le ridicule ou la commisération qui l'ont frappée, du haut en bas de l'échelle sociale, ont été parmi les principales causes de la limitation volontaire de la procréation des enfants.

La *doctrine de Malthus* en justifiant ou recommandant cette limitation, en vulgarisant même les moyens pratiques de la réaliser, presque sans danger, à volonté, a été funeste pour notre nation.

Et nos bons voisins de l'Est, les Allemands, voyant en elle un des meilleurs moyens de leur assurer la conquête de notre pays, n'ont pas manqué d'en faire valoir les avantages aux yeux de nos concitoyens et de mettre à leur disposition l'arsenal le plus perfectionné destiné à faire passer dans leur pratique cette détestable doctrine.

Les récentes saisies d'appareils, instruments et matières diverses d'*origine allemande,* faites dans de nombreux magasins de Paris, sont là pour le prouver.

L'espèce de tolérance ou l'indifférence manifestée, jusque dans ces derniers temps, par l'autorité judiciaire, pour la vulgarisation et la mise en pratique de cette funeste doctrine, n'a pas peu contribué, non plus, à élargir les ravages de la dépopulation.

Et pendant ce temps les pouvoirs politiques et législatifs, en *Allemagne,* discutent et édictent des lois très sévères qui ont pour but de détruire *tout ce qui est de nature* à faire connaître et à vulgariser la *doctrine et les pratiques du Malthusianisme.*

Quiconque fait de la propagande ou indique des procédés pour favoriser la stérilité volontaire est frappé d'une amende de 150 marks, soit 187 fr. 50.

E. — COMPLICATION ET CHERTÉ CROISSANTES DE LA VIE. — CRAINTE D'ÊTRE MALHEUREUX OU DE FAIRE DES MALHEUREUX CHEZ LES PAUVRES OU LES PEU FORTUNÉS.

Mais de toutes les causes de la dépopulation et de la déchéance de la race, celles qui ont engendré jusqu'ici, et qui, sans doute, continueront à exercer leurs ravages longtemps encore, ce sont les déplorables conditions qui sont faites, par la *cherté de la vie* et les nécessités de l'économie sociale, aux masses des ménages de la classe ouvrière, et, tout particulièrement, aux femmes de cette classe, non moins que leur profonde ignorance des connaissances théoriques et pratiques de l'*économie ménagère,* de l'*hygiène domestique* et de la *puériculture.*

Les exigences de la vie actuelle sont telles, que *le salaire moyen de l'homme est devenu insuffisant,* en général, pour lui permettre de satisfaire, malgré leur modestie relative, ses propres besoins en même temps que ceux de ses enfants, surtout si ils sont nombreux, et ceux de sa femme.

Aussi, au lieu de se consacrer entièrement, comme elle le devrait, aux soins nécessités par la bonne tenue de son ménage et l'élevage de ses enfants, la femme de l'ouvrier est-elle forcée de les négliger, ou même de les abandonner, pour aller, chaque jour, dans l'usine, dans la manufacture, dans les magasins, dans les ateliers les plus variés, dans les bureaux, etc., etc., pour gagner un modeste salaire destiné à suppléer à l'insuffisance de celui de son mari.

Et quand elle préfère exécuter, chez elle, les travaux qui lui sont confiés par le commerce ou l'industrie, le gain qu'elle en retire est encore beaucoup plus maigre, tout en exigeant souvent beaucoup plus d'heures de travail.

Le salaire de la femme étant, en général, très inférieur à celui de l'homme, même à travail égal, l'industrie ou le commerce ne manquent pas de remplacer l'homme par la femme, chaque fois que cela est possible.

Il en résulte que cette dernière fait, à son compagnon naturel, qui devrait être son soutien, une concurrence aussi désastreuse pour elle que pour lui.

Bien plus, dès que l'enfant, fille ou garçon, peut remplacer, à peu près, la femme, dans ce même travail, le même fait se produit contre elle.

Il résulte, de tout cela, une situation illogique et funeste, où *la femme fait concurrence à son mari, pendant que l'enfant fait concurrence à son père et à sa mère.*

L'avilissement de leurs salaires, ainsi que la misère qui en est le résultat, ne peuvent manquer de se produire souvent. Et c'est, en effet, ce qui arrive dans les cas où existe une telle situation.

F. — FUNESTES CONSÉQUENCES DE L'ACCAPAREMENT CROISSANT DE LA FEMME PAR L'INDUSTRIE, LE COMMERCE, ETC., ETC.

L'accaparement croissant de la femme, et surtout de la femme mariée et de la mère de famille, par l'Industrie, le Commerce, etc., etc., engendre, à côté des services qu'elle y rend, de très nombreuses conséquences, aussi funestes pour elle-même que pour sa famille et la société.

1° Travail hors du domicile.

Encore *enfant* ou à peine *pubère* et *jeune fille,* elle est exposée, dans les manufactures, les usines, les ateliers, les magasins, etc., aux conversations et aux *exemples les plus nuisibles à sa moralité.*

De plus, les travaux et le *surmenage,* auxquels elle est trop souvent astreinte, malgré les lois qui la protègent, contrarient son développement physique, ainsi que sa santé, et la mettent dans un état d'infériorité corporelle plus ou moins profond, pour supporter les rudes fatigues de sa future maternité.

Jeune épouse, non seulement elle continue à subir les influences démoralisantes des plus pernicieuses promiscuités, mais, de plus, elle est forcée de négliger ou même d'abandonner complètement les mille soins exigés par la bonne tenue de son ménage, qui devient, ainsi, un milieu sans attrait et même repoussant, que les deux conjoints fuient, pour aller chercher ailleurs des plaisirs coûteux ou dégradants.

Que de foyers, que de ménages dont la destruction n'a d'autre cause que cet abandon, par la femme, des soins incessants qu'ils nécessitent!

En *état de grossesse,* les travaux assidus, longs et fatigants que doit exécuter la femme, sont plus ou moins nuisibles au bon développement de l'enfant qu'elle porte, surtout dans les derniers mois de la gestation.

Si encore le salaire qu'elle reçoit pouvait suffire à lui procurer les 3 ou 4 rations que nécessite son état de grossesse : *ration d'entretien,* souvent *ration de croissance pour elle, ration de croissance pour son enfant, ration de travail.* Mais l'on sait que, trop souvent, la modicité de ce salaire ne lui permet même pas de se procurer une bonne ration d'entretien quotidien de sa vie. C'est là, le *salaire de famine.*

2° Travail à domicile.

Et si, maintenant, nous jetons un coup d'œil sur les *salaires du travail féminin à domicile,* nous voyons que le mal est encore pire.

Je n'examinerai pas les salaires de tous les principaux genres de travaux industriels exécutés à domicile par la femme. Un tel examen ne saurait entrer dans le cadre de ce petit volume.

Je me bornerai à considérer seulement deux des principales branches de l'*industrie du vêtement,* la *lingerie* et la *fleur artificielle,* parce que l'on possède, sur elles, des *renseignements officiels* très précis et tout à fait récents.

D'une enquête faite par l'*Office du travail du Ministère du Travail* résulte les faits ci-après qui ont été exposés devant la Chambre, dans sa séance du 13 novembre 1913, par M. *Chéron,* alors ministre du Travail.

Dans l'**Industrie de la lingerie,** l'enquête a révélé les proportions suivantes :

1° Sur 100 ouvrières, dont le *salaire maximum annuel* est de *deux cents francs,* il y en a 72 dans l'*Allier,* 53 dans le *Cher,* 52 dans le *Loir-et-Cher,* 43 dans la *Meurthe-et-Moselle,* 37 dans l'*Indre;*

2° Sur 100 ouvrières dont le *salaire maximum annuel* est *inférieur à deux cents francs,* dans certaines localités du *Cher,* il y en a 71 à *Charost,* 78 à *Dun-sur-Auron,* 82 à *Saint-Florent;*

3° Dans l'*Indre,* la proportion de cette dernière catégorie atteint 90 %, à *Néobecq ;*

4° Le *salaire maximum annuel* d'un grand nombre d'ouvrières de ce dernier département ne dépasse même pas *cent francs;*

5° Les *salaires annuels maximums de deux cent un à quatre cents francs* se rencontrent surtout dans la *Sarthe*, la *Meurthe-et-Moselle*, la *Meuse* et la *Somme*;

6° Les *salaires annuels maximums supérieurs à quatre cents francs* se trouvent surtout dans le *Nord*, la *Somme*, ainsi que dans plusieurs villes, telles que celles de *Cholet* et de *Grenoble*.

L'enquête officielle conclut textuellement, sur ce point, que *« de l'avis des employeurs comme des ouvrières, l'industrie de la lingerie à domicile ne permet pas ou permet à peine de vivre à celles qui l'exercent »*.

Dans l'**Industrie de la fleur artificielle**, l'enquête a établi que :

A. — Parmi les *ouvrières de la petite fleur*, telle que la violette de Parme, par exemple :

1° 25 % ne gagnent que *1 franc par jour* dont il faut déduire 0 fr. 15 de frais de chauffage des outils;

2° 50 % reçoivent 1 fr. 05 à 2 francs par jour ;

3° 32 % *ne peuvent vivre de leur travail, sans être aidées par l'Assistance publique.*

B. — Parmi les *ouvrières de la Rose*, dont la confection représente le meilleur travail à domicile :

1° 20 % gagnent 4 à 5 francs par jour ;

2° 33 % reçoivent 1 à 2 francs.

Si maintenant l'on considère l'*ensemble des spécialités exercées à domicile*, l'enquête démontre que :

A. — En *Province*, les 3/4 des ouvrières ne touchent que *1 à 2 francs* par jour et la grande majorité *1 franc seulement;*

B. — 49 % des ouvrières de *Paris*, sont dans le même cas.

D'après la *Ligue* organisée pour combattre le « *Sweating System* », c'est-à-dire le « système de pressurage sans fin », du *travail à domicile*, ainsi que d'après M. *Jean Lerolle* (séance de la Chambre du 13 novembre 1913), une *ouvrière en vêtements d'homme*, qui travaille de 6 heures du matin à

7 heures du soir, ne peut pas arriver à gagner plus de 1 fr. 25.

Cette *Ligue* a établi l'existence des prix ci-dessous payés pour la confection, à domicile, des objets correspondants :

Douze mouchoirs en batiste : 0 fr. 15, soit 1 fr. 50 par jour.

Cols brodés : l'unité, exigeant 37 heures de travail. 1 fr. 40.

Douze chapeaux de fillette, exigeant 37 heures de travail, 3 fr. 50.

La grosse de 144 violettes artificielles, 0 fr. 04.

Tous ces salaires sont évidemment très bas, tout à fait insuf-fisants, de *véritables salaires de famine.* Et cependant ils sont encore parmi les moins mauvais.

Un très grand nombre de travaux spéciaux de l'industrie du vêtement, tels que, par exemple, la *confection,* la *piqûre à la machine,* la *pose de boutons,* la *confection de bouton-nières,* etc., ou d'autres industries exercées par la femme, à domicile, sont encore plus mal payés.

Certains de ces *salaires* atteignent une infériorité vraiment stupéfiante.

Je n'en citerai qu'un seul cas, exposé devant la Chambre, par M. *Chassaing* (séance du 13 novembre 1913).

Il porte sur l'**Industrie du Chapelet,** exercée spécialement dans la *commune de Volcivières,* qui comprend 1.543 habi-tants, dont 600 ouvrières, âgées de 6 à 60 ans, se divisant en 200 filles et 400 femmes, qui travaillent pour le compte de huit patrons.

La durée moyenne de leur travail industriel est de 10 à 14 heures, en dehors des travaux agricoles.

Le travail d'atelier est payé, au plus 1 fr. 25 par jour.

Quant au *salaire* payé pour les *travaux faits à domicile,* il varie ainsi :

A. — Sur les 400 femmes :

100 reçoivent 0 fr. 30 par jour;

250 reçoivent 0 fr. 40 par jour;

50 reçoivent 0 fr. 40 à 0 fr. 70 par jour;

B. — Sur les 200 filles travaillant 10 à 12 heures :

30 touchent 0 fr. 30 par jour;

120 touchent 0 fr. 40 par jour;

50 touchent 0 fr. 60 par jour.

Les *salaires extrêmes* sont donc 0 fr. 30 et 0 fr. 70 et le *salaire moyen* 0 fr. 45 à 0 fr. 50.

Or, des estimations les plus modérées, il résulte que le *prix journalier de la vie,* dans cette localité, doit être ainsi fixé :

Homme marié, ayant 2 à 3 enfants, 3 à 4 francs.

Femme seule, 1 fr. 50.

Femme avec 2 enfants à sa charge, 2 fr. 50.

Ce simple exposé dispense de tout commentaire.

Bien que les différents *salaires journaliers* indiqués jusqu'ici soient tous, *inférieurs* ou *très inférieurs*, ils ne sont cependant pas encore arrivés à leur dernière limite.

Ainsi que le faisait bien ressortir le *ministre du Travail,* devant la Chambre (séance du 13 novembre 1913), pour les *Industries de la lingerie* et de la *fleur artificielle,* les prix cités sont ceux de la *bonne saison.* Pendant la *mauvaise saison,* ils diminuent encore de moitié environ, affirme-t-il.

Enfin, pour se faire une idée complète des ressources pécuniaires qui résultent du travail accompli pendant le cours d'une année entière, il faut tenir compte, d'un autre facteur fondamental, le *chômage.*

L'*Enquête officielle de l'Office du travail* a établi que, à *Paris,* 22 % de l'ensemble des ouvrières ont un travail régulier, qui *dure toute l'année,* et 35 % un *travail ralenti,* mais non complètement suspendu.

Quant aux *ouvrières de la fleur artificielle,* 65 % de leur totalité sont frappées par le *chômage* complet, mais variable, suivant les proportions ci-après :

25 % pendant 1 à 2 mois; 25 % pendant 5 à 6 mois; et 15 %, pendant 6 à 7 mois.

En définitive, de *tous* les renseignements qu'ils ont recueillis et combinés, les enquêteurs de l'*Office du travail* dégagent la conclusion ainsi formulée :

D'une façon très générale, les salaires journaliers des ouvrières à domicile oscillent entre 0 fr. 90 et 1 fr. 25.

Et quant aux locaux où s'accomplissent ces travaux, la plupart sont insalubres, mal tenus, sans hygiène, de *vrais taudis,* enfin, où les maladies trouvent les meilleures conditions de leur genèse et de leur développement.

On compte, en France, *1.200.000 jeunes filles ou mères de famille* qui s'acharnent à lutter pour la vie, qui se surmènent et s'épuisent, ainsi, dans les pires conditions ambiantes, physiques et morales, et encore. pour ne gagner qu'un *misérable salaire de grande famine,* qui suffit à peine, ou même qui ne suffit pas, à assurer convenablement leur propre existence.

3° La grande cause du mal et ses remèdes.

Et maintenant, si l'on se demande d'où vient le mal, si on en recherche les causes, on se rend facilement compte qu'il est engendré, à peu près uniquement, par une seule cause, la *concurrence,* la concurrence acharnée, aveugle, qui s'exerce à tous les degrés et sous de multiples formes :

Concurrence entre les ouvrières, qui s'arrachent le travail ;

Concurrence entre les patrons, qui s'arrachent la clientèle ;

Concurrence entre le travail exclusivement manuel et le travail à la machine ;

Concurrence entre les villes, entre les régions, entre les nations ;

Multiples concurrences qui, partout, arrivent fatalement à *avilir les salaires.*

Et cependant, il est bien certain que le *travail à domicile* qui, pour un très grand nombre, sinon presque tous, aujourd'hui, est une source de *surmenage,* de *misères* et de nombreux autres maux, devrait être, au contraire, si il était bien organisé, bien payé et bien pratiqué, une source féconde en *bienfaits,* une source de fondation, de consolidation, de développement de la famille, et, conséquemment, une source de repopulation et de moralisation générale.

Et que faire, pour qu'il en soit ainsi ?

Tout d'abord, que les *ouvrières à domicile* se groupent, examinent quels sont leurs véritables intérêts, les discutent *sans égoïsme,* en ne tenant compte que de l'*intérêt général* qui s'étend à toutes.

Il faudrait qu'elles s'entendent avec les patrons, également groupés, dans le même *esprit républicain, éminemment social,* que tous ensemble établissent les *meilleurs salaires possibles* et les respectent sans défaillance, dans l'intérêt de tous.

Il faudrait en un mot *régler sagement, en toute justice,* la concurrence aujourd'hui *si désastreuse* aux ouvrières qui travaillent à domicile.

Mais hélas! il faut bien le reconnaître, ce véritable *esprit de solidarité sociale,* ce véritable *esprit républicain,* est encore bien loin de nous! Quoi qu'on pense et qu'on dise, il n'existe guère qu'à l'*état naissant,* bien *vague,* dans la *mentalité* des générations de notre époque!

Arrivera-t-il jamais à acquérir le développement et la force nécessaires? On peut en douter. Malgré tout, appliquons-nous sans cesse, avec ardeur, à le cultiver, comme si nous devions y parvenir pleinement.

Le *bonheur social* que nous rêvons sera sûrement, pour nos lointains descendants, le prix de sa possession.

Mais, en attendant, une *bonne loi,* qui permettra d'établir un *salaire minimum* pour le *travail féminin à domicile,* contribuera, sûrement, à atténuer le mal actuel et à orienter tous les intéressés.

Souhaitons, de tout cœur, qu'elle soit votée et surtout observée.

4° Multiples conséquences pernicieuses
pour la famille et la société.

En résumé, que l'on considère les ouvrières qui travaillent *hors de leur domicile,* ou celles qui travaillent *à domicile,* elles sont généralement dans les plus mauvaises conditions pour se *marier, fonder un vrai foyer, avoir* et *élever des enfants, constituer, enfin, une bonne et solide famille.*

Tous ceux qui se sont occupés spécialement de la question l'ont constaté, le professeur *Pinard* en tête, cette situation engendre les plus pernicieuses conséquences pour l'*enfant*, et, conséquemment, pour la *repopulation*.

Cet enfant souffre dans le sein de sa mère *surmenée et mal nourrie*. Sa croissance se fait mal. Elle est insuffisante. La prématurité survient et la pauvre mère ne met au monde, trop souvent, qu'un moribond qui ne tarde pas à succomber, quand il n'est pas déjà mort.

Quand il survit, l'enfant, déjà débile, reste malingre, peu résistant et prédisposé à toutes les maladies qui le font facilement disparaître. Et, si il ne disparaît pas tout à fait, dans les premières années, si il continue à vivre, il ne sera, pour sa famille et la société, qu'un membre de médiocre valeur, sinon une non-valeur encombrante et coûteuse pour tous.

Assurément, on ne pourra pas compter sur lui, pour combattre efficacement la dépopulation, et encore moins pour améliorer la race.

Nourrice, la mère, accaparée par le travail de l'usine, de la manufacture, de l'atelier, du magasin, etc., sera dans l'impossibilité d'assurer régulièrement le premier élevage de son bébé, qui, cependant, *exigerait tous ses soins*. Et si, dans quelques cas, elle parvient à lui donner le sein plusieurs fois dans la journée, le lait, sécrété pendant les fatigues de son travail et sous l'influence d'une nourriture insuffisante, ne possédera point les qualités nutritives qu'il devrait avoir.

Le bébé, mal nourri et mal soigné, sera exposé à toutes les maladies de son âge, qui le frappent souvent et le font succomber.

Presque dans tous les cas, la mère sera obligée de l'abandonner aux soins d'une nourrice mercenaire, qui l'allaitera au sein ou au biberon, et les périls qui menacent sa santé et sa vie ne feront alors que grandir et se multiplier.

Bien plus, même quand la mère peut se consacrer suffisamment à l'élevage de son enfant, ou qu'il reçoit les soins d'une nourrice mercenaire aussi consciencieuse et dévouée qu'une véritable mère, les périls ne sont point supprimés pour lui, loin de là.

Presque dans tous les cas, ce jeune être est exposé aux

dangers que comportent les *déplorables préjugés*, de même que la *profonde ignorance* des règles de l'hygiène infantile et de la *puériculture scientifique*, qui caractérisent la presque totalité des femmes du peuple et même les femmes en général de n'importe quelle classe de la société.

Là, ne s'arrêtent point les funestes conséquences engendrées par l'accaparement de la femme, de la mère de famille, par les travaux qu'elle exécute en dehors de son foyer.

L'enfant sorti de sa première enfance, malgré tous les périls qui l'ont menacé ou frappé, doit être encore soumis à une surveillance de tous les instants. Il doit être protégé, conseillé, gouverné, *élevé*, pendant de nombreuses années encore. Mais la mère, absorbée par les travaux de l'extérieur, ne pourra point assurer convenablement son *éducation*.

Très souvent, abandonné à lui-même, l'enfant sera exposé à tous les dangers, à toutes les tentations de la rue, qui est une des pires écoles de vagabondage. Il deviendra ainsi, très fréquemment, sinon toujours, successivement, vagabond, petit voleur, petit complice de cambrioleurs, jeune apache, etc., causant ainsi toutes sortes de maux pour lui-même, sa famille et la société.

Tous les spécialistes qui se sont occupés de la question sont d'accord pour proclamer que le défaut de surveillance de l'enfant, que la mauvaise éducation, etc., sont l'origine d'une foule de méfaits juvéniles.

La surveillance plus ou moins indifférente de voisins complaisants, pas plus que la nourrice mercenaire, que la crèche, que l'école maternelle, que l'école primaire, que certaines œuvres post-scolaires, ne sauraient remplacer un *vrai foyer domestique*, une *bonne famille, bien saine et vraiment normale.*

Ce sont, là, de faibles palliatifs, capables, tout au plus, d'atténuer les maux dont souffrent la famille ouvrière et la société de notre époque, mais non de véritables remèdes curatifs susceptibles de les supprimer définitivement, de combattre efficacement les ravages de la dépopulation et d'assurer l'amélioration de la race.

§ 6. — **Récapitulation des principaux maux sociaux qui engendrent la dépopulation et la déchéance de la race.**

Avant d'aborder l'examen des vrais remèdes, récapitulons, dans une vue d'ensemble très sommaire, tous les maux que nous avons passés en revue.

Nous verrons qu'on peut les grouper dans le résumé suivant :

1° Progrès incessant de l'infériorité numérique de notre population par rapport aux nations voisines, de l'Allemagne surtout, notre plus redoutable rivale, qui menace de ruiner notre influence politique, morale, etc., de nous subjuguer industriellement, commercialement, militairement, de faire, enfin, la conquête de la France;

2° Déchéance physique progressive de notre race, qui est minée par le manque d'hygiène alimentaire et corporelle, par l'insalubrité des habitations ouvrières, des ateliers et des lieux de travail en commun, en général, par le surmenage musculaire et cérébral, par l'alcoolisme et la tuberculose, les maladies du premier âge, etc., qui causent une mortalité beaucoup trop grande;

3° Amour croissant des jouissances de toutes sortes, qui rend l'existence de plus en plus compliquée et coûteuse;

4° Abaissement du respect dû à la femme, du prestige dû au mariage, au foyer domestique, à la mère de famille et à la famille;

5° Développement du célibat, vrai ou faux, du faux surtout, et de l'amour libre qui en est la conséquence directe et fatale;

6° Affaiblissement de l'union conjugale et accroissement des divorces, de la destruction des foyers et des familles qui en est la conséquence;

7° Détournement croissant de la femme de sa véritable destination naturelle, qui consiste, avant tout, dans un *système social* où la division des fonctions et du travail est vraiment ordonnée et assurée *scientifiquement*, à être *épouse, ménagère et mère*, première *éducatrice de ses enfants*, et son accaparement, de plus en plus envahissant, par l'industrie, le commerce, les travaux de bureaux, les professions libérales, etc., accaparement qui, du reste, exploite son travail, sans lui assurer, en retour, dans la majorité des cas, la juste rémunération nécessaire à l'entretien de sa propre existence;

8° Ignorance profonde, par la femme, de la *vraie science* de l'économie ménagère, de l'hygiène domestique et familiale, ainsi que de la puériculture rationnelle, branches fondamentales de la vie sociale, et qui constituent le vaste domaine où elle doit rester souveraine;

9° Anarchie philosophique, religieuse et morale, politique, économique et sociale;

10° Absence d'un puissant *Idéal moral*, capable de convaincre, d'enthousiasmer, d'inspirer tous les hommes, de faire solidement leur *unité morale et sociale*, en faisant concourir harmonieusement leurs sentiments, leurs pensées, leurs volontés et leurs activités, pour mieux réaliser le bonheur individuel et social que nous rêvons;

11° Affaiblissement et désorganisation de la famille, obscurités et incertitudes de la conscience nationale, qui résultent de cette anarchie et de cette *absence d'Idéal moral et social*.

DEUXIÈME PARTIE

CHAPITRE I

PRINCIPAUX REMÈDES CAPABLES DE COMBATTRE EFFICACEMENT LES MAUX PRÉCÉDENTS

§ 1. — Rénovation de la famille, clef de voûte de toute société, dans tous les temps et dans tous les lieux.

De tous les remèdes proposés pour combattre les maux précédemment exposés, le meilleur est sûrement la *rénovation de la famille,* selon la théorie rationnelle de l'organisation d'une nation.

Une nation n'est point formée d'un ensemble d'individus, comme on pourrait le croire, l'individu *seul* étant nécessairement stérile et voué à la mort, mais bien, au fond, d'un ensemble de familles solidarisées dans un même système social dirigé par un *seul gouvernement.*

De tout temps, et dans tous les lieux, la *famille* a été considérée comme la *clef de voûte* de toute société.

Conséquemment, en termes modernes, plus scientifiques, on doit dire aussi que l'*Union conjugale* des deux époux est la *véritable Cellule* du grand *Être collectif* qui est une *Patrie,* et que la famille en représente le premier *système élémentaire.*

De sa conception théorique, de son organisation et de son fonctionnement normal, dépendent la solidité et la puissance de cette société, de même que le perfectionnement de sa race, selon les *lois de la Biologie.*

La famille ne saurait donc trop attirer et fixer notre attention. Nous devons lui consacrer tous nos soins, nous appliquer à la conserver, à la multiplier, à la fortifier, à perfectionner sa constitution et le jeu de ses organes, et, conséquemment, à écarter et à détruire tout ce qui est susceptible de lui nuire ou de s'opposer à sa formation régulière.

Nous devrons donc, en principe, mépriser et combattre énergiquement le *célibat*, l'*amour libre*, le *divorce*, surtout dans ses *causes*, parce qu'ils sont trois poisons dont l'infiltration incessante, à travers l'organisme social, menace, de plus en plus, d'en ruiner l'existence.

Seuls, l'*union conjugale* basée sur le mariage légal, surtout si les époux sont assortis, autant que possible, *en vue de perfectionner la race*, le vrai foyer domestique et la famille qui en résulte, sont dignes d'être encouragés, honorés et favorisés.

Au lieu d'être considérée comme une personne ridicule et digne de pitié, sinon de mépris, ainsi qu'on le voit encore très souvent, de nos jours, la *mère de famille*, qui donne de nombreux enfants à la société, qui consacre toutes ses forces à leur élevage, qui se sacrifie pour eux, tous les jours, à chaque instant du jour et de la nuit, devrait être l'objet de la plus sincère *admiration* et de la plus vive *reconnaissance*.

Elle devrait être publiquement et *officiellement encouragée, honorée, récompensée*, et cela, d'autant plus, qu'elle aurait élevé, et surtout bien élevé, un plus grand nombre d'enfants.

§ 2. — La profession fondamentale de la femme consiste à être épouse, ménagère, mère et éducatrice de ses enfants.

Être une bonne *épouse*, une bonne *ménagère*, une bonne *mère* de nombreux enfants sains, robustes et bien conformés, voilà la première, la plus belle et la plus honorable des professions que doit ambitionner une femme, celle qui convient le mieux, au moins pendant une grande partie de son existence, à son organisation, à ses aptitudes naturelles, à sa

première et vraie destination sociale, celle, enfin, où elle
rendra les plus grands services à la Société.

Là, est sa *première profession* où elle doit se spécialiser,
avant tout, pendant la plus grande partie de sa vie, sinon
pendant sa vie tout entière.

Et quand nous voyons la femme accaparée, absorbée, de
plus en plus, par l'industrie, le commerce, les bureaux, les
professions artistiques ou libérales, etc., qui la détournent,
plus ou moins complètement, de sa *vraie profession,* quand
nous la voyons neutralisée par le célibat ou d'autres raisons
encore plus méprisables, tout cela, dans la plus belle
période de sa fécondité, nous ne pouvons nous empêcher d'é-
prouver les plus vifs regrets.

On doit déplorer surtout que les conditions économiques de
notre temps la forcent à subvenir, elle-même, par son travail,
aux besoins de sa propre existence, au lieu de lui permettre
de se consacrer, librement et pleinement, à l'exercice de ses
devoirs d'*épouse,* de *ménagère,* de *mère de famille* et de
première éducatrice de ses enfants.

Il y a là un *problème fondamental* dont l'étude et la solution s'imposent à tous les hommes d'État.

Mais, en attendant cette solution, si elle est possible, la
femme de la classe ouvrière, tout au moins, aura à subir la
déplorable situation qui lui est faite.

Elle doit donc s'y adapter le moins mal possible, en se
préparant, théoriquement et pratiquement, à exercer, en
outre de sa principale profession d'*épouse,* de *ménagère,* de
mère et d'*éducatrice,* telle autre profession qui sera le plus
conforme à ses aptitudes naturelles et à ses goûts.

Du reste, il faut bien reconnaître que, dans un grand nombre
de cas où la femme ne peut absolument pas exercer sa vraie
profession d'épouse et de mère, et que, livrée à elle-même,
elle est forcée de travailler régulièrement pour vivre, ou que,
enfin, elle est restée ou devenue tout à fait disponible, après
l'épuisement de sa période de fécondité, une profession industrielle, commerciale, agricole, artistique, libérale, etc., lui
sera d'un précieux secours, et qu'elle rendra, en l'exerçant,

les services que la société a le droit d'attendre, et même
d'exiger, de chacun de ses membres, en retour des bienfaits
qu'elle lui doit ou qu'elle lui assure.

Donc, si il est évident que la femme doit se consacrer,
avant tout, en principe, à sa véritable destination sociale, qui
consiste à être *épouse, ménagère, mère* et *éducatrice,* et que la
société a le plus grand intérêt à lui faciliter et à lui assurer
le complet exercice de cette profession fondamentale, il n'est
pas moins certain qu'elle doit aussi pouvoir apprendre et
exercer une *seconde profession,* qui soit en rapport avec ses
aptitudes et ses goûts.

§ 3. — Préparation théorique et pratique de la femme à l'exercice de sa profession fondamentale.

En définitive, nous arrivons à cette conclusion que, pour
réaliser la *rénovation de la famille,* qui est un des plus sûrs
et des plus puissants moyens de combattre efficacement les
maux que nous avons étudiés, il est nécessaire de préparer
la femme, qui est la principale base de cette famille, à exercer
le mieux possible ces deux professions, et surtout la première.
Cette préparation doit consister à lui enseigner :

A. — *L es sciences et les arts domestiques;*

B. — *La salubrité et l'hygiène;*

C. — *La puériculture intégrale et rationnelle;*

D. — Un *Idéal moral et social,* vraiment *laïque et répu-*
blicain, idéal simple, précis et très clair, dont elle devra s'inspirer dans l'accomplissement journalier de ses différentes
fonctions.

Cet enseignement, à la fois *théorique* et *pratique,* doit être
progressif, mais complet.

Les maux dont nous nous plaignons ne sont point spéciaux
à la France. Toutes les nations civilisées les subissent à des
degrés divers. Toutes s'efforcent de les combattre par des
procédés appropriés, en tête desquels se trouve l'enseigne-

ment de l'*économie ménagère*, de l'*Hygiène domestique*, quelquefois aussi de la *puériculture*.

On a compris que l'instruction et l'éducation approfondies de la femme, en ces différentes matières, tout particulièrement appropriées à ses aptitudes naturelles et à ses goûts, étaient en tête des meilleurs moyens propres à combattre efficacement ces maux, tout en accroissant et en assurant le bonheur de la famille et la prospérité de la nation.

Avant d'aller plus loin, examinons donc avec soin ce qui a été fait, à ces différents points de vue, au moins dans les principales nations, telles que la *Belgique*, la *Suisse*, l'*Allemagne*, l'*Angleterre*, l'*Amérique* et le *Japon*, qui se sont le plus distinguées par leur originalité, le souci de faire grand et bien, en créant, pour la femme, l'enseignement qui lui revient tout spécialement.

CHAPITRE II

ÉDUCATION DOMESTIQUE DE LA FEMME EN BELGIQUE

C'est en Belgique, dit Mme *A. Moll-Weiss*[1], que s'est le mieux développé l'enseignement ménager.

C'est dans ce pays qu'il est le plus officiel, le plus complet et le plus populaire.

D'après M. *Corman*[2], directeur général de l'enseignement primaire, au ministère des Sciences et Arts de Belgique, l'enseignement de l'économie ménagère fut introduit dans les programmes officiels, dès 1862.

De 1874 à 1876, dix écoles ménagères furent créées par le prince *de Thimay,* gouverneur de la province de Hainaut, qui reste toujours la plus avancée, dans cet ordre de choses.

Mais ce n'est qu'en 1887 que le gouvernement Belge orienta, délibérément, l'enseignement ménager, *vers les besoins du peuple,* en créant, lui-même, des centres spéciaux pour cet enseignement.

Le mouvement d'organisation s'est rapidement étendu, et l'on peut dire, qu'aujourd'hui, la Belgique est, pour ainsi dire, enserrée dans un réseau d'écoles ménagères de tous degrés et de toutes variétés.

---

1. *Les Écoles ménagères à l'étranger et en France,* par Mme *Augusta Moll-Weiss,* avec la collaboration de Mmes *Jean Brunhes* et de *Gottrau-Watteville,* préface de *Cheysson,* membre de l'Institut. 1 vol., Rousseau, édit., Paris, 1908.

2. *Travaux du Congrès international d'enseignement ménager tenu à Fribourg* (Suisse), les 29 et 30 septembre 1908. 2 vol. in-8°, édités par l'Office international de l'Enseignement ménager de Fribourg.

§ 1. — **Division des Écoles d'économie ménagère**.

Ces écoles sont divisées en *six grandes catégories* ci-après exposées :

1° *Cours normaux*. — Ils dépendent du ministère de l'Industrie et du Travail et se font à Wavre-Notre-Dame, à Liège et à Ardeuves.

Ils sont destinés à former des *Institutrices-ménagères,* déjà pourvues du diplôme ordinaire d'institutrice.

Elles reçoivent un *brevet spécial d'économie domestique et de travaux de ménage.*

Cet enseignement est complété par celui des *Cours de perfectionnement d'Hervelé,* pour celles qui désirent se tenir au courant des nouveautés de leur spécialité, ou se retremper dans l'*enseignement officiel classique,* qui y est toujours mis au point, avec le plus grand soin.

2° *Classes ménagères primaires*. — Elles sont annexées aux écoles primaires ordinaires. L'enseignement ne consiste qu'en de *simples conversations* pour les classes inférieures. Mais il se complique, avec l'âge des élèves, de tous les travaux pratiques du ménage.

3° *Écoles ménagères et Écoles professionnelles ménagères*. — Ces écoles sont organisées, soit par les communes, soit par les initiatives privées. L'État contribue à l'entretien de chaque école, dès que le nombre de ses élèves est de 12 fillettes âgées de 14 ans, au moins.

Le programme de leur enseignement est le même que celui des classes ménagères et elles sont surveillées par des inspecteurs de l'État.

D'après M. *Franck*[1], le nombre de ces écoles s'est élevé, de 200, qu'il était en 1889, à 305, en 1904.

Il est à remarquer que le nombre de ces écoles, fondées par l'enseignement libre, est sensiblement supérieur à celui des écoles fondées par l'enseignement officiel.

---

1. *L'éducation domestique des jeunes filles,* 1 vol. in-8°, 570 p., Larousse, édit., Paris.

4° Enseignement ménager post scolaire. — Il se divise en deux variétés qui sont, l'une et l'autre, destinées plus spécialement aux adultes.

a) Écoles ménagères stables. — Elles sont organisées dans des logements qui se rapprochent, le plus possible, de ceux où vivent habituellement les élèves de la classe ouvrière.

Les cours y sont faits par une *institutrice-ménagère diplômée,* qui est en même temps *directrice de l'École.*

b) Écoles ménagères ambulantes. — Créées avec le concours pécuniaire de l'État, de la province et de la commune, ces écoles ne fonctionnent que pendant 4 mois de l'hiver.

Elles se déplacent et s'installent dans n'importe quelle localité, dès qu'un auditoire de 10 élèves, au moins, a été assuré.

5° Enseignement ménager et agricole. — Le gouvernement belge considère, avec raison, que la *profession de fermière* est une des plus compliquées et des plus importantes, sinon la plus importante, de toutes celles qui sont exercées par la femme.

Cette profession embrasse, en effet, non seulement l'économie ménagère proprement dite, déjà si compliquée, mais aussi, tous les petits travaux horticoles, de basse-cour, du potager, etc., inhérents à toute ferme.

Aussi, s'est-il attaché à donner, à ce genre d'enseignement, une vaste organisation et un grand perfectionnement.

Cet enseignement s'étend, non seulement à l'*Économie domestique* ordinaire, mais encore aux travaux habituels du *jardin potager,* de la *culture des fleurs,* des *arbres fruitiers,* de *l'agriculture,* de *l'élevage* des différents animaux de *basse-cour,* de la *culture des abeilles,* de la *comptabilité* domestique et commerciale, ainsi que de l'*administration de la ferme,* etc., etc. Il comprend, enfin, la *pédagogie,* l'*hygiène générale,* le *droit usuel,* l'*économie sociale.*

D'après M. *A. Prost*[1], directeur général de l'Office rural du ministère de l'Agriculture de Belgique, cet enseignement est

---

1. Congrès de Fribourg 1908.

divisé en 3 degrés, ci-après exposés, qui correspondent à
3 classes naturelles de fermiers.

A. — ÉCOLES MÉNAGÈRES AGRICOLES PRIMAIRES.

L'enseignement y est très élémentaire. Il s'attache simplement à faire bien ressortir les multiples avantages que peut
procurer la *profession de ménagère-fermière,* quand elle est
bien pratiquée, ainsi qu'à inculquer l'amour de la campagne,
de la ferme et de la famille.

Les élèves de cette catégorie comprennent *beaucoup de
boursières.* Le but poursuivi est de former de bonnes petites
fermières.

Combien un tel enseignement aurait sa raison d'être dans
nos campagnes, de plus en plus désertées par les jeunes filles,
comme par les jeunes hommes, pour venir encombrer les
grandes villes, où ils ne trouvent, trop souvent, que décep-
tions, débauche, misères et maladies !

Ce degré d'enseignement ménager-agricole est donné sous
deux formes :

a) Dans trois *écoles fixes,* trois pensionnats, qui sont respectivement situées à Heule, Cortemock et Waremme.

Elles n'admettent que des élèves internes âgées de plus de
13 ans et ayant accompli toutes les études exigées pour cet
âge.

b) Dans des *écoles ambulantes,* qui circulent de village en
village, avec leur petit matériel de cuisine, de ménage, etc.

Les locaux nécessaires à l'enseignement sont prêtés par la
commune qui en fait la demande.

Les cours ne durent que 3 à 4 mois. Et, malgré leur peu
de durée, ils parviennent à donner, aux jeunes auditrices,
une bonne teinte de toutes les connaissances élémentaires,
théoriques et *pratiques,* que doit posséder la fille du cultiva-
teur destinée à faire une petite fermière, ménagère et mère.

Il y avait, en septembre 1908, *neuf* de ces écoles, en Belgique, soit une par province.

B. — ÉCOLES MÉNAGÈRES AGRICOLES SECONDAIRES.

L'enseignement *théorique* et *pratique* de ce degré est beaucoup plus soigné et plus étendu. Sa durée est de 1 à 2 ans.

La culture générale de l'esprit et l'éducation, nécessaires à toute femme intelligente, sont appropriées à l'importance de la situation qu'elle est appelée à occuper.

Les écoles de cette catégorie n'admettent que des élèves de 14 ans ayant achevé les études réglementaires fixées pour cet âge.

En septembre 1908, il n'y avait, comme pour le 1er degré, que 9 de ces écoles pour tout le royaume de Belgique.

C. — ÉCOLES SUPÉRIEURES D'ÉCONOMIE MÉNAGÈRE ET D'AGRICULTURE.

Il n'y a que *deux* de ces écoles qui soient spécialement réservées aux jeunes filles.

L'une est située à Hervelé, l'autre à Overysshe.

Elles n'admettent que des jeunes filles de 15 ans révolus ayant achevé de suivre l'enseignement officiel imposé à leur âge.

En outre de l'enseignement spécial, théorique et pratique, aussi complet que possible, concernant toutes les branches de l'économie ménagère, *les jeunes filles de cette catégorie sont préparées à diriger les grandes exploitations commerciales de l'agriculture,* de l'*horticulture,* du *jardinage,* etc., etc.

Le but poursuivi par ce genre d'écoles est de former des *fermières modèles,* accomplies, qui possèdent les goûts simples de la vie rurale, une vue nette des précieux avantages qu'une femme peut retirer de la science, de l'instruction et de l'éducation professionnelles, qui sache, dans la direction du ménage, comme dans celle d'une entreprise commerciale agricole, tirer le maximum de rendement avec le minimum de dépenses.

Ces écoles supérieures sont aussi des *Écoles normales de perfectionnement* qui forment des *maîtresses ménagères-agricoles* destinées au professorat ou à la *direction* d'une école ménagère-agricole.

Un certain nombre de *bourses* sont attribuées aux élèves les mieux douées et les plus appliquées.

§ 2. — Œuvres complémentaires de l'enseignement ménager.

L'enseignement de l'économie domestique est très heureusement complété par les œuvres ci-après :

1° De nombreux *cercles d'études familiales* sont répandus sur tout le territoire. Les familles s'y réunissent pour étudier, discuter en commun, toutes les questions d'économie domestique qui peuvent les intéresser.

Des *revues spéciales* relatent les résultats de ces études qui se trouvent ainsi largement diffusés.

2° Chaque année, des *cours publics et gratuits,* comprenant de 2 à 10 leçons, sont faits, dans plus de 50 localités, par les soins des deux écoles supérieures d'économie domestique et d'agriculture.

3° Des *brochures* et des *tracts,* fort bien rédigés, sont largement distribués, périodiquement, par dizaines de milliers.

4° Enfin, pour mieux assurer l'œuvre de propagande et de vulgarisation de l'enseignement ménager, des *expositions* fort bien comprises sont organisées, chaque année, dans des localités différentes.

Tout cela témoigne des grands efforts que la Belgique a faits pour *rénover l'économie domestique,* ainsi que l'*instruction* et l'*éducation de la femme,* du haut en bas de l'échelle sociale. Les exemples qu'elle a donnés sont à méditer profondément.

CHAPITRE III

ÉDUCATION DOMESTIQUE DE LA FEMME EN SUISSE

L'enseignement de l'économie ménagère a pris, en Suisse, un admirable développement, grâce à la *Société d'utilité publique des femmes suisses*, encouragée par le gouvernement, surtout à partir de 1888, époque à laquelle elle a été fondée.

Parmi les vaillantes fondatrices de cette belle et féconde association, il convient de citer, tout particulièrement, les noms de Mmes *Gottrau-Watteville, Wider-Innecker, Vieliger-Keller* et *Coradi-Stahl,* qui ont pris une part si active dans ce magnifique développement.

Cet enseignement est fait pour toutes les classes de la Société suisse, depuis la petite femme de chambre, jusqu'à la maîtresse de grande maison urbaine, ou la grande fermière et la châtelaine.

Il se divise en autant de classes qu'il y a de spécialités professionnelles dans l'économie domestique et de degrés dans sa complication.

C'est ainsi que l'on trouve, en Suisse, séparées, ou rassemblées dans de vastes bâtiments, des *Écoles* ménagères formant des *professeurs d'économie domestique,* des *maîtresses de maison* de toute importance, des *intendantes,* des *bonnes à tout faire,* des *cuisinières,* des *femmes de chambre,* des *bonnes d'enfant,* des *fermières* de toutes variétés et de tous degrés, des *jardinières,* des *horticultrices,* des *gardes-malades,* des *infirmières,* etc., etc.

Cet enseignement est distribué, à la fois, dans des *écoles privées* spéciales, encouragées et aidées par l'État, le canton ou la commune, ainsi que dans les *écoles officielles* primaires et secondaires de la République.

Jetons un simple coup d'œil sur ces différentes écoles, en faisant ressortir rapidement leurs caractères spéciaux.

§ 1. — Écoles normales ménagères.

Ces écoles sont destinées surtout, ou même uniquement, à former des *Institutrices-ménagères* et des *Directrices d'Écoles* ou de *Cours* d'économie ménagère.

Les fondatrices de l'enseignement ménager suisse, de même que l'État, ont vite compris la nécessité d'avoir d'excellentes *institutrices-ménagères* et *directrices spéciales*, pour assurer son plein succès, qui leur apparaissait comme impossible, sans elles. Aussi, n'a-t-on rien négligé, pour avoir un *corps enseignant spécial*, qui soit vraiment à la hauteur de sa mission.

Des *Écoles normales ménagères* ont été successivement créées, à *Berne* (1897), à *Zurich*, et peu de temps après, à *Fribourg* (1903-1904).

Les élèves de ces écoles sont choisies au concours, parmi les aspirantes âgées de 18 ans, au moins, et déjà pourvues du brevet supérieur d'institutrices. Elles sont internes.

L'enseignement, qui dure 18 mois, au moins, est très complet et très élevé, à la fois théorique et pratique.

Le programme est très étendu et très varié. Aucune des parties de l'économie ménagère, soit urbaine, soit rurale, n'est négligée.

Il est divisé en plusieurs cours qui n'admettent que 12 à 20 élèves, 24 au plus.

De plus, les futures maîtresses complètent leur apprentissage pédagogique, en s'exerçant à l'enseignement oral et manuel, c'est-à-dire théorique et pratique, dans des cours moins savants.

Le *jardinage* est l'objet de soins particuliers et donne les meilleurs résultats. On cite l'école de Berne comme un modèle des plus remarquables.

Les élèves arrivent facilement à faire produire, grâce à leur savante pratique, pour 338 francs d'excellents légumes, sur deux ares seulement (200^{m2}) de terrain, ce qui porterait le revenu annuel à 16.900 francs pour un hectare.

L'enseignement général est complété, comme à *Fribourg*, par des conférences d'un ordre supérieur, sur des questions fondamentales, et, surtout, par un *Cours normal de puériculture*, théorique et pratique, qui est fait à la *Pouponnière* créée depuis 1903 et annexée à l'école.

Cette *pouponnière* reçoit en pension, pour une somme modique par mois, des bébés de un jour à deux ans, appartenant à d'honnêtes familles qui ne peuvent s'en occuper.

Les études sont couronnées par des examens difficiles, à la suite desquels est délivré un diplôme qui donne le droit d'enseigner l'économie ménagère.

Les bâtiments scolaires sont vastes et de construction soignée. Leur aménagement ne laisse rien à désirer, tant au point de vue de la salubrité, de l'hygiène et du confortable, que de l'enseignement.

On y remarque de nombreux laboratoires bien outillés et bien organisés, de riches musées ou collections.

Les élèves sont toutes internes, et le prix de la pension varie de 70 à 100 francs par mois.

En 1908, l'école normale ménagère de *Fribourg* a reçu 70 élèves destinées à répandre l'enseignement de l'économie domestique dans le canton du même nom.

§ 2. — Écoles ménagères
pour futures maîtresses de maison.

Ces écoles ont pour but de former des maîtresses de maison qui connaissent parfaitement la science du ménage, ainsi que celle de l'hygiène de l'habitation, et sachent l'appliquer, avec aisance, de la façon la plus rationnelle et la plus économique.

Elles sont fréquentées surtout par des jeunes filles, quelquefois aussi par des personnes plus âgées, qui ont dépassé l'adolescence. Toutes appartiennent à des familles plus ou moins aisées.

Prenant très au sérieux leur futur rôle d'épouse et de ménagère, elles viennent, avant de se marier, s'y préparer à l'exercer le mieux possible.

Ce genre d'école est très répandu dans toutes les villes de la Suisse, mais celle de la ville de *Fribourg,* la capitale de la Suisse française, est généralement considérée comme le type le plus parfait, tant par l'étendue et la solidité de son enseignement, que par les dimensions et la beauté de ses bâtiments scolaires.

L'École ménagère de Fribourg reçoit des élèves internes, qui payent 40 à 60 francs par mois, et des externes qui ne payent que 20 francs par mois.

Les prix varient, du reste, suivant les villes.

Toutes les écoles de cette catégorie sont subventionnées, à la fois, par l'État, le canton et la commune.

L'école de Fribourg reçoit environ 70 à 80 internes par an.

Son enseignement, toujours théorique et pratique, est divisé par spécialités. Celui de chaque spécialité forme un cours spécial qui dure 5 à 6 mois.

Chaque élève suit l'enseignement de deux cours au moins, par an. Chaque cours ne comprend qu'une vingtaine d'élèves au maximum.

Une large part est faite, dans cet enseignement, à l'*élevage des enfants*, qui se fait dans une *pouponnière* spéciale, créée en 1903, et complétée par un *jardin d'enfants*.

Une part non moins large est faite au *jardinage*, à la *basse-cour*, etc., etc.

L'École ménagère de Zurich, autre modèle du genre, comprend aussi, en outre des autres branches de l'*économie ménagère urbaine ou rurale*, l'enseignement d'une spécialité fort intéressante, qui consiste à former, en un an, des *intendantes*, à l'usage des veufs, avec ou sans enfants, ou des femmes malades, etc.

Les élèves sont initiées aux plus petits détails de la bonne tenue et de la direction d'une maison de n'importe quelle importance, ainsi qu'à l'organisation des *fêtes de famille, etc.*

Enfin les élèves font un stage dans une *Crèche* et un *Kindergarten* ou *Jardin d'enfants,* qui est annexé à l'école.

Les examens finaux, toujours théoriques et pratiques, sont, quand ils ont été subis avec succès, couronnés par un *Diplôme d'études ménagères,* qui atteste la capacité de l'élève.

§ 3. — Combinaison des enseignements ménager et secondaire classique des jeunes filles.

Les écoles ménagères dont il vient d'être question, créées spécialement pour former des maîtresses de maison, sont surtout destinées aux jeunes filles dont l'instruction et l'éducation ménagères ont été négligées ou écourtées, de même que leur instruction générale.

Mais, pour celles qui reçoivent régulièrement une instruction complète, analogue à celle qui est donnée dans nos lycées et collèges de filles, l'éducation ménagère est ou peut être aussi complète que le désirent les parents et les élèves.

Cette éducation spéciale est alors développée progressivement et parallèlement à l'instruction classique de l'enseignement secondaire.

L'enseignement de l'économie ménagère ainsi donné, toujours théorique et pratique, est très complet. Aucune de ses parties n'est négligée. Chaque cours n'admet que 8 à 10 élèves. Cet enseignement dure cinq ans.

Il est divisé en 3 degrés que l'on est libre de prendre séparément ou en totalité : primaire, secondaire et supérieur.

Chaque degré comprend 40 leçons de 3 heures qui constituent un *cours.*

Le prix de chaque cours varie suivant les villes.

La jeune fille qui a reçu l'enseignement des 3 degrés est, on peut l'affirmer, aussi capable qu'une *institutrice-ménagère,* de l'appliquer dans la pratique, sinon de l'enseigner.

Elle peut faire une maîtresse de maison aussi accomplie que possible.

C'est là, assurément, pour la femme, une des meilleures créations de la République helvétique.

§ 4. — Écoles spéciales
pour la formation de domestiques en tous genres.

L'*École de Fribourg* tient encore la première place dans ce genre d'enseignement. Elle comprend une section spécialement destinée aux jeunes filles qui désirent se placer comme *domestiques* et se préparer à exercer intelligemment et consciencieusement la profession qu'elles ont choisie.

Les élèves de cette catégorie sont admises à suivre, selon leurs préférences, les cours spéciaux de *bonnes à tout faire*, de *cuisinières*, de *femmes de chambre*, de *bonnes d'enfants*, d'*infirmières*, de *gardes-malades*, etc.

Les élèves *bonnes d'enfants*, en outre de l'enseignement théorique, reçoivent un enseignement pratique, dans la *pouponnière* et le *jardin pour enfants (Kindergarten)* amenés à l'école.

Chaque *cours* dure 6 mois.

Il va sans dire que les élèves peuvent suivre autant de *cours spéciaux* qu'elles le désirent.

Un *diplôme de capacité* couronne les études qui ont été poursuivies et achevées avec succès.

En outre de ces écoles, dont le but est de former surtout de bonnes *domestiques pour les familles plus ou moins riches*, il existe, à Lenzbourg, à Berne, à Boniswyl, etc., d'autres écoles qui sont spécialement destinées à préparer des *domestiques pour petits ménages*.

Très rustiques, ces dernières écoles ne reçoivent que des jeunes filles pauvres et peu intelligentes, ayant plus de 16 ans révolus.

Elles y reçoivent un bon enseignement théorique et pratique qui dure 6 mois et qui coûte, pour toute cette durée, 100 à 110 francs.

Leur nourriture, préparée pour 15 élèves, revient à 0 fr. 45 ou 0 fr. 60 par jour et par élève.

Chaque école place ses élèves dans de bonnes petites familles de la Suisse ou de l'étranger, et, pour les mieux protéger, continue à se tenir en relation avec elles, autant que possible.

§ 5. — Écoles ménagères rurales.

Les écoles de cette catégorie ont surtout pour but de former de bonnes *ménagères-fermières*. Les élèves qui en sortent font aussi d'excellentes *ménagères urbaines*.

En outre de l'économie et de l'hygiène domestiques, ces écoles enseignent aussi, le *travail du lait,* la fabrication du *beurre* et des *fromages,* les soins à donner à la *basse-cour,* au *rucher,* au *bétail* en général, aux *jardins potager, fruitier, floral,* etc.

Une des plus renommées, parmi ces écoles, est celle du *Clos mirabelle,* créée en 1905, à côté de Chailly-sur-Lauzanne. Elle admet surtout des internes comme élèves.

Ce genre d'écoles est complété par des *Écoles spéciales de jardinage,* comme celle créée, en 1906, à Niederlenz, en Argovie, qui a pour but d'enseigner largement la *culture* et la *vente des légumes,* des *fruits,* des *fleurs,* etc., etc.

Cet enseignement spécial comporte 3 degrés, dont les durées sont très différentes : 2 ans pour former une véritable professionnelle du jardinage ; 1 an pour préparer des maîtresses directrices d'écoles ménagères ; 6 mois seulement pour les élèves amateurs, qui ne veulent avoir qu'une initiation générale et superficielle.

Ces écoles, qui conviennent admirablement aux aptitudes de la femme en général et à celles de la femme de la campagne en particulier, jouissent, en Suisse, d'un grand prestige et d'un grand succès.

§ 6. — Cours ménagers volants pour la Campagne.

Sur la demande faite par les communes qui s'engagent à former un auditoire de 12 à 20 élèves et à fournir un local, le mobilier le plus indispensable et divers autres objets nécessaires à l'enseignement, l'État envoie une *institutrice-ménagère* qui enseigne, en 15 à 20 leçons, les éléments de la cuisine, toujours faite avec les ressources du pays, le plus économiquement possible et selon les principes de l'hygiène, ainsi que la bonne tenue du ménage, les soins que l'on doit aux malades, aux enfants des divers âges, aux différents jardins, à la basse-cour, etc., etc.

Le prix de l'inscription est de 20 francs pour tout le *cours*, mais chaque élève a le droit d'emporter ou de consommer sur place sa part du repas qu'elle a contribué à préparer.

Ces cours temporaires sont renouvelés, au besoin, tous les 2 ou 3 ans, dans la même localité.

Ils sont très répandus dans les campagnes des 6 cantons de la Suisse, auxquelles ils rendent les services les plus précieux et les plus appréciés.

Cependant, il faut remarquer que, dans ceux où l'*enseignement ménager post scolaire*, dont il sera question plus loin, est *obligatoire* et organisé, comme dans le canton de Fribourg, cet enseignement volant est, de plus en plus, remplacé par les *Cercles d'enseignement ménager*.

§ 7. — Enseignement ménager dans les écoles professionnelles de filles.

En outre des divers genres d'écoles spécialement créées pour répandre l'enseignement ménager, les différentes écoles professionnelles de jeunes filles l'ont inscrit dans leurs programmes, dont il prend une large place, sinon une place prépondérante.

Telles sont les écoles professionnelles de Genève, de Lauzanne, de Lugano, etc.

En sortant de ces écoles spéciales, qui sont très répandues, en Suisse, les jeunes filles sont ainsi en possession de deux professions, dont celle de ménagère, qui, sûrement, n'est pas la moins utile.

§ 8. — Cours d'économie ménagère pour ouvrières.

Bien que l'enseignement ménager soit très répandu, dans toutes les écoles de filles de la Suisse, qu'il se trouve dans tous les programmes de l'enseignement général qui leur est destiné, il existe encore, malgré tout, un grand nombre d'ouvrières qui ignorent, plus ou moins complètement, la pratique des travaux du ménage, aussi bien que leur théorie.

C'est pour remédier, dans une certaine mesure, à ces graves inconvénients, que des *cours de ménage* ont été organisés, un peu partout, et, tout particulièrement, dans les lieux où la population ouvrière est dense.

Ces *cours* ont généralement lieu le soir, de 7 à 9 heures ou de 11 heures à 1 h. 1/2, heures qui coïncident avec celles où les ouvrières sont libres ou vont prendre leur repas.

Ils comprennent de 15 à 20 leçons, qui ont surtout pour but d'enseigner la *préparation rapide de repas très simples, nutritifs et hygiéniques,* pour un prix extrêmement modique, qui ne dépasse pas 0 fr. 35.

La série de ces 15 à 20 leçons est payée, en général, 8 francs. Mais ce prix donne le droit d'emporter le repas ainsi préparé, ou de le consommer en commun, sur place.

Des cours analogues sont aussi organisés, pour leurs employées, par certains grands industriels ou certaines sociétés industrielles et commerciales importantes, telles que la *Société vaudoise.*

Ils sont faits en 20 leçons, pendant les trois principaux mois de l'hiver.

On y enseigne, tout particulièrement, à préparer les différentes cuisines, populaire, bourgeoise et fine.

§ 9. — **Enseignement ménager post scolaire obligatoire.**

L'enseignement de l'économie ménagère a produit de si heureux résultats, partout où il a été organisé, il a été si apprécié de tous, qu'il a été rendu *obligatoire,* surtout dans le canton de *Fribourg.*

La *loi fribourgeoise oblige* toutes les jeunes filles à fréquenter assidûment l'école ménagère, un jour au moins par semaine, pendant les 2 ans qui suivent la terminaison des études primaires légales.

Aussi, des écoles ménagères ont-elles rapidement surgi, de toute part, dans le canton de Fribourg, pour que tout le monde puisse se conformer à la loi et en profiter.

« Dans 3 ans d'ici, disait, en 1908, une inspectrice cantonale citée par Mᵐᵉ *de Courten*[1], expert fédéral pour l'enseignement ménager, nous aurons des *écoles ménagères partout,* et plus de 2.000 jeunes filles jouiront de cet enseignement si bienfaisant, au double point de vue de la formation de la femme et de l'avenir de la famille. »

Depuis, tout le canton de Fribourg a été divisé en *Cercles d'enseignement ménager* ayant 4 kilomètres de rayon.

Une école ménagère est, autant que possible, organisée au centre de chacun d'eux.

La commune qui en est le siège fournit obligatoirement le local et les terrains nécessaires pour y faire des jardins, etc. Toutes les autres communes coupées par le *Cercle* contribuent de même à couvrir les autres frais.

Le traitement du personnel enseignant spécial est payé par le canton et la fédération.

Toutes les jeunes filles habitant sur le *Cercle d'enseignement ménager* sont *obligées* de suivre cet enseignement dans les conditions stipulées ci-dessus et de compléter, ainsi, les notions théoriques déjà inculquées dans l'école primaire.

1. Rapport au Congrès de l'enseignement ménager de Fribourg, 1908.

Cet enseignement, toujours théorique et pratique, est progressif, général et complet, il embrasse toutes les parties de l'économie ménagère, de la salubrité et de l'hygiène domestique ou familiale, de la basse-cour et du jardinage, etc.

On s'attache à préparer, avec les ressources locales surtout, et pour un prix extrêmement modique, une cuisine simple, hygiénique, nutritive et agréable.

Le repas ne revient pas à plus de 0 fr. 50 centimes qui sont payés par l'élève.

Des *Cercles féminins d'études domestiques et d'enseignement mutuel* complètent l'école ménagère de chaque cercle.

L'enseignement est fréquemment contrôlé par des inspecteurs spéciaux nommés par l'État.

Le canton de Fribourg a été le premier à rendre *obligatoire* l'enseignement ménager à tous les degrés.

Dans les autres cantons de la République, l'*obligation* est encore partielle, tout en restant étendue, pour certaines classes primaires ou secondaires.

Certaines villes ont aussi rendu *obligatoire* l'apprentissage d'une profession. Ainsi, à *Soleure,* toute jeune fille âgée de 16 ans est forcée d'opter entre l'*école ménagère* ou l'*école d'ouvrages* où l'on enseigne, du reste, l'économie ménagère, tout aussi bien que dans les écoles spéciales.

On peut affirmer que la tendance générale de l'opinion publique est de rendre l'enseignement ménager *obligatoire* sur tout le territoire de la République, comme il l'est déjà dans le canton de Fribourg, qui est un beau modèle qu'on ne saurait trop admirer et méditer.

CHAPITRE IV

ÉDUCATION DOMESTIQUE DE LA FEMME EN ALLEMAGNE

La première école allemande d'enseignement ménager a été fondée à *Carlsruhe*, en 1873, environ 3 ans après la création de la première école française, à Reims, par Mme *Doyen-Doublié*.

Depuis, de puissantes *Frauenvereine* ou associations féminines, telles que *Lette-Verein, Berliner verein für volkserziehung, Badischer Frauenverein, Vaterländischer Frauenverein*, etc., etc., se sont constituées, comme en Suisse, pour donner, au nouvel enseignement, une grande impulsion, dans toute l'Allemagne.

Grâce à une très active propagande, à l'appui de l'impératrice et de toutes les princesses allemandes, qui ont pris la tête du mouvement, les différents États de la Confédération, presque toutes les grandes villes, un très grand nombre de particuliers, enthousiasmés par les belles perspectives que leur ouvrait la nouvelle *science de l'économie domestique,* se sont mis à créer des *Écoles normales d'enseignement ménager* et d'innombrables *Cours* et *Écoles,* pour le vulgariser, dans toutes les classes de la société.

Aujourd'hui, le nouvel enseignement est très répandu dans toute l'Allemagne, sous les formes les plus variées. Il y jouit d'une très grande vogue.

Presque toutes les œuvres, dont la fortune se chiffre par millions ou par centaines de mille francs, sont établies dans des monuments immenses, grandioses, ou tout au moins très considérables.

Les principales écoles sont aussi confortablement et même aussi luxueusement organisées que possible.

Salles de conférences bien comprises, intelligemment décorées, cuisines immenses où, quelquefois, 40 à 50 jeunes cuisinières peuvent évoluer à l'aise, vastes laboratoires parfaitement outillés, riches musées, collections nombreuses, très variées et complètes, composées de tout ce qui est susceptible de servir à l'enseignement ménager, à un degré quelconque, rien ne manque à l'arsenal scientifique et pratique des principales écoles ménagères de l'Allemagne. Et ces écoles sont nombreuses.

Et quant aux autres écoles de moindre importance, si elles ne sont pas aussi richement dotées, elles n'en sont pas moins admirablement organisées, largement suffisantes et capables de satisfaire les spécialistes les plus exigeants.

En somme, l'Allemagne a fait, sans lésiner, d'immenses sacrifices, pour tout ce qui concerne l'enseignement ménager, qui est distribué à toutes les classes de la nation.

Et nos redoutables voisins sont, avec raison, très fiers de l'organisation de leur enseignement ménager.

§ 1. — Principaux centres d'enseignement ménager de l'Allemagne.

Il ne faut pas songer à décrire ici, en détail, toute l'organisation de ce magnifique enseignement. Je dois me borner à ses *trois principaux centres* qui sont *Berlin, Cassel* et *Carlsruhe*. Et encore, ne puis-je qu'en effleurer l'étude, pour ne donner simplement qu'une idée de leurs principales écoles ménagères.

A. — ÉCOLES MÉNAGÈRES DE BERLIN

1° École ménagère du Lette-Haus.

La principale école ménagère de la capitale allemande se trouve dans le *Lette-Haus,* immense édifice construit par le *Lette-Verein.*

Il abrite une véritable école professionnelle très compliquée, où sont enseignés, théoriquement et pratiquement, les travaux féminins les plus variés, dont les travaux du ménage constituent une des branches les plus importantes.

L'*école ménagère* du *Lette-Haus* se subdivise, à son tour, en *trois principales sections* qui forment :

La *première*, de futures *institutrices-ménagères*, et, accessoirement, de futures domestiques.

C'est une véritable *école normale ménagère* (*Haushaltungs-seminar*);

La *seconde*, de futures *maîtresses de maisons* bourgeoises, ainsi que de futures *gouvernantes*.

C'est l'école ménagère proprement dite (*Haushaltungs-schule*). Toutes les parties de l'économie ménagère, de l'hygiène, du jardinage d'utilité et d'agrément (fruits, légumes, fleurs), de la basse-cour, etc., y sont enseignées largement.

La *troisième* forme des *cuisinières* qui veulent se spécialiser dans la cuisine. C'est une simple *école de cuisine* (*Hochschule*)

En outre de ces trois sortes d'écoles, il y a, à côté, de nombreux *cours spéciaux* qui se rapportent, tous, à l'économie domestique. Tels sont les cours de *lavage, raccommodage, repassage, conserves alimentaires, cuisine pour malades, soins aux blessés et aux malades, jardinage, basse-cour, culture des fruits* et des *fleurs*, etc., etc.

Chaque *cours spécial* est un véritable enseignement professionnel, théorique autant que pratique, qui permet à celui qui le suit régulièrement, de se spécialiser dans la profession correspondante et de l'exercer fructueusement.

Toutes ces variétés d'enseignements sont assidûment suivies par de très nombreuses élèves qui montrent la plus grande application.

Il va sans dire que chacune des élèves de l'école ménagère peut suivre et suit, très souvent, plusieurs enseignements spéciaux, pour compléter son instruction, suivant ses goûts et ses aptitudes.

L'École ménagère du *Lette-Haus* admet des internes et des externes.

Il est à remarquer que les *élèves internes* de l'*École normale*, les futures *institutrices-ménagères* complètent, pendant leur scolarité, leur éducation pédagogique par l'enseignement de ce qu'elles ont appris en économie ménagère, soit à des élèves primaires, qui leur sont conduites, l'après-midi du mercredi et du samedi, soit à des jeunes filles pauvres qui aspirent à se placer comme domestiques et qui commencent à apprendre leur future profession, en les servant.

Les élèves normaliennes ne sont admises à l'école qu'à partir de 17 ans 1/2 et payent 750 marks par an.

La durée de leurs études est de 1 an 1/2. Elles sont ensuite gratuitement placées par les soins du *Lette-Verein*.

2° Écoles ménagères Pestallozzi-Frœbel-Haus.

Parmi les nombreuses fondations de la riche *Berliner-Verein für Volkserziehung*, association protégée par l'impératrice, les deux plus importantes sont les écoles ménagères dites :

Pestallozzi-Frœbel-Haus I
Pestallozzi-Frœbel-Haus II

La dernière est une véritable *école ménagère* qui présente les plus grandes analogies avec l'école ménagère générale du *Lette-Haus*.

La description de son organisation étant presque identique à celle du *Lette-Haus*, il est inutile de la recommencer.

Quant à la *Pestallozzi-Frœbel-Haus* I, elle diffère très sensiblement du type II.

L'enseignement ménager qui y est donné est très restreint.

C'est une création spéciale, très originale, qui a surtout pour but d'apprendre à donner les meilleurs soins, dans les meilleures conditions, soit dans des *jardins spéciaux*, soit dans des locaux appropriés, aux enfants des deux sexes, aux nouveau-nés, comme à ceux dont l'âge s'étend jusqu'à 14 ans.

Ce *type d'école n° I* comprend :

1° Une crèche, avec soins aux nourrissons. C'est une « *pouponnière* » ;

2° Des jardins spéciaux pour petits enfants ;

3° Des jardins spéciaux pour petits écoliers ;

4° Des classes primaires ;

5° Des écoles de garde pour filles et garçons de 6 à 14 ans ;

6° Des écoles normales destinées à former des Kinder-gart-nerinnen ou *maîtresses de jardins d'enfants;*

7° Des écoles normales pour former des *maîtresses de classe de garde;*

8° Des écoles normales pour former des *bonnes d'enfants;*

9° Deux pensionnats (*Victoria-Heime* I et *Victoria-Heime* II), pour recevoir les élèves maîtresses des 2 catégories.

Ce genre d'école est, en somme, une sorte d'*École de puériculture,* qui contribue puissamment à apprendre, à la jeune fille, l'exercice de son futur rôle de mère, tandis que le type d'école II lui apprend à exercer son rôle de ménagère. Les deux écoles se complètent.

3° Écoles ménagères du Dr Zimmer pour jeunes filles de la bourgeoisie.

Le Dr *Zimmer* a fondé, à Berlin, un genre spécial d'école ménagère, pour la bourgeoisie.

Elle n'admet que des jeunes filles âgées de 16 ans, pour le prix de 1.000 marks par an.

Son enseignement ménager, très étendu, est doublé d'une éducation générale solide, de l'étude de langues et de littératures étrangères, de notions artistiques.

Il est complété par différents cours portant sur la cuisine pour malades, les soins que nécessitent leur état.

Un des caractères qui distinguent cette école des autres établissements similaires consiste en ce que les élèves consacrent leurs dimanches à donner une instruction religieuse aux fillettes du peuple, à faire des lectures à de vieilles dames isolées ou aveugles, à mettre, en bon état, le ménage de femmes impotentes, mais honorables.

B. ÉCOLES NORMALES MÉNAGÈRES DE CASSEL ET DE CARLSRUHE

D'une façon générale, l'enseignement ménager donné dans ces deux écoles, qui sont presque identiques, présente les plus grandes analogies avec celui des écoles normales ménagères du *Lette-Haus*, et de la *Pestallozzi-Frœbel-Haus*, de Berlin.

Il s'en distingue cependant nettement, par des cours plus complets sur :

Le jardin potager;

L'horticulture d'utilité et d'agrément ;

La taille des arbres fruitiers et des soins qu'exigent leurs fruits non cueillis ;

Les divers procédés de conservation des fruits, des légumes et des aliments en général ;

L'ornementation des mets et de la table, de la salle à manger.

L'école de Cassel est protégée par la grande-duchesse *Louise de Bade* et la *Badischer Frauenverein.*

L'école de Carlsruhe, *Fortbildungsschule,* est *obligatoire.* Son enseignement est fort recherché. Elle est riche de plusieurs millions.

Le prix annuel de l'enseignement est de 250 francs, pour l'école de Cassel et de 375 francs à 500 francs, pour celle de Carlsruhe.

Ces deux écoles, comme celle annexée au *Lette-Haus* de Berlin, sont plus spécialement destinées aux jeunes filles de la bonne bourgeoisie.

Elles y apprennent :

Que tout travail utile est noble et ennoblit le travailleur;

Que la paresse et la vie stérile sont, seules, méprisables.

Aussi, y font-elles, avec entrain et joie, tous les travaux, même les plus repoussants.

Elles prennent une connaissance approfondie et complète, de la *pratique* autant que de la *théorie,* de la science de l'économie ménagère.

Ce genre d'école ménagère est très répandu en Allemagne où il jouit d'une grande estime. On le rencontre presque dans toutes les grandes villes et il ne cesse de s'étendre, parce qu'il produit les meilleurs résultats.

§ 2. — Enseignement ménager à l'école primaire.

Les différentes écoles que nous avons examinées jusqu'ici sont exclusivement destinées aux jeunes filles de la riche bourgeoisie ou à former des institutrices-ménagères, des domestiques et des professionnelles spécialisées.

Les écoles ménagères qui sont plus spécialement destinées aux enfants du peuple, qui, habituellement, ne dépassent pas l'enseignement du premier degré, sont, dans leur genre, tout aussi bien organisées, pour atteindre le but visé.

Elles se trouvent dans les bâtiments des écoles primaires qui, partout, en Allemagne, sont des édifices magnifiques, très vastes, bien construits, gais, très salubres, parfaitement outillés et très *intelligemment décorés de belles devises de haute moralité.*

Il n'est pas rare de rencontrer, dans les grandes villes, de superbes écoles qui reçoivent 2.000 à 2.500 élèves, et plus, des deux sexes, âgés de 10 à 14 ans, divisés en 50 ou 60 classes.

Les *élèves-ménagères* y sont, pour la leçon de cuisine, par exemple, qui dure 4 heures environ, divisées par groupes de 40 à 50.

Chaque groupe, dit Mme *Moll-Weiss* [1], est, suivant les écoles, subdivisé par petits groupes numérotés 2-4-6 etc., qui ont, chacun, et à tour de rôle, un travail spécial à faire dans la préparation du repas qui sera consommé par toutes les élèves de la classe ménagère.

Ces travaux spéciaux consistent en achat de matières premières, épluchage des légumes, nettoyage des fourneaux, allumage des feux, préparation des mets selon les meilleures méthodes de l'hygiène, dressage et décoration de la table,

---

1. *Loc. cit.*

et, après le repas, nettoyage à fond et mise en bon ordre de tout le matériel, etc.

Chaque petit groupe a son matériel spécial : table, fourneau, étagère, etc.

Chaque leçon de travaux pratiques est toujours précédée d'une leçon théorique, sur la valeur nutritive, les prix des denrées alimentaires et le prix de revient de chaque plat.

Chaque élève note, sur un cahier spécial, tous les principaux renseignements qui lui serviront plus tard, dans son propre ménage, ou même, bientôt après, dans celui de ses parents.

Dans certaines écoles, les repas ne sont préparés que pour un groupe de 6 personnes.

En général, la ville paye la dépense, ainsi faite par chaque élève, et, de plus, lui fait cadeau, à sa sortie de l'école, d'un petit traité très pratique d'économie domestique.

Les autres parties de l'économie ménagère sont enseignées avec les mêmes soins.

Beaucoup d'écoles primaires ajoutent encore, à leur programme, l'enseignement des soins à donner au jardin et à la basse-cour. Le jardinet de famille est largement vulgarisé. Les enfants y apprennent à faire pousser les légumes qu'elles consomment, ensuite, comme il a été dit plus haut.

Cet enseignement ménager est généralement donné dans toutes les écoles de l'Allemagne et nos voisins en sont enchantés.

§ 3. — Enseignement ménager post scolaire.

Tous les enseignements ménagers dont il a été question jusqu'ici sont distribués, pendant la période des études scolaires, primaires ou secondaires.

Mais là ne se borne pas l'effort de l'Allemagne. Elle a aussi organisé plusieurs variétés d'enseignement, pour ceux qui ne fréquentent plus, ni l'école primaire, ni l'école secondaire. Ces variétés, constituent l'*enseignement ménager post scolaire*, qui comprend les branches ci-après :

A. — ÉCOLES MÉNAGÈRES AGRICOLES.

Cette variété d'écoles a pour but de former des *ménagères-fermières,* solidement instruites, pour qu'elles puissent faire de *bonnes monitrices,* capables d'apprendre, aux autres femmes de la campagne qui les entoureront, non seulement les travaux de l'économie ménagère proprement dite, mais aussi tous les autres petits travaux qui incombent ordinairement à la fermière.

L'âge des élèves de ces écoles varie, à peu près, entre 18 et 30 ans.

En outre de tout ce qui concerne le *ménage,* les élèves sont exercées, par groupe et à tour de rôle, aux divers travaux théoriques et pratiques relatifs aux *jardins potager, fruitier,* de *fleurs,* de *plantes d'appartement,* de vérandahs, etc., à l'élevage des animaux de *basse-cour,* aux soins qui leur sont nécessaires, ainsi qu'au *bétail* d'étable, aux *abeilles,* etc., à la préparation des *conserves alimentaires* d'origine végétale ou animale.

Cet enseignement est, très souvent, complété par celui des soins nécessaires aux *malades,* et même par les éléments de divers *arts d'agrément,* au premier rang desquels se trouve la *musique.*

Ce genre d'écoles ménagères agricoles est très répandu, dans toute l'Allemagne, et, dans la Prusse, plus que dans les autres États.

B. — ÉCOLES MÉNAGÈRES OUVRIÈRES.

Ces écoles ménagères ne sont créées que pour les ouvrières et employées qui, toute la journée, sont prises par le travail de leur profession.

Les *cours* sont faits le soir, après la cessation de leurs travaux, de 7 heures à 9 heures. Ils portent sur toutes les parties du ménage et de l'hygiène qui en est inséparable.

Cependant, il y en a aussi qui sont faits le jour, pour les

jeunes filles âgées de plus de 14 ans et qui ne sont pas encore
employées, ainsi que pour les ouvrières libres.

L'enseignement est fait dans une petite *maison ouvrière
type,* semblable au modèle créé par M. *Krupp,* afin de placer,
autant que possible, les auditrices, dans le milieu qui leur est
ou qui doit leur être le plus habituel.

La *cuisine saine et très économique* est l'objet de tous les
soins des institutrices-ménagères, qui apprennent à leurs
élèves comment on peut arriver à préparer de très bons
repas pour 12 cent. 1/2.

La durée des études est de 4 mois et coûte 12 marks, qui
donnent droit aux repas de midi et de 4 heures, pendant toute
cette durée.

C. — ÉCOLES DE CUISINE.

Bien que ces *écoles* soient appelées par les Allemands,
Kochschulen (Écoles de cuisine), elles enseignent aussi les
notions les plus élémentaires de toute l'économie ménagère
et surtout de l'hygiène, ainsi que les soins nécessaires aux
bébés, aux petits enfants, aux malades, et aussi aux différentes
variétés de jardins, à la basse-cour, etc.

La caractéristique de ces écoles est d'être *ambulantes.* Elles
vont de village en village, pendant les mois d'hiver, où les
travaux des champs sont plus ou moins suspendus, faire une
série de leçons théoriques et pratiques qui durent 6 semaines.

Les institutrices-ménagères qui les dirigent sont formées
par des *écoles normales sédentaires* spéciales, dont un type
existe à l'école de Carlsruhe.

Elles sont sous la protection de la grande association féminine *Frauenverein,* qui leur fournit tout le matériel de cuisine,
qui est contenu dans une grande boîte, et les patronne partout
où elles se rendent, par l'intermédiaire du *Frauenverein local,*
qui met à leur disposition : salle (à l'école, à la mairie, etc.),
tables, bancs, vaisselle, charbon, lait, beurre, œufs, etc., ainsi
qu'un auditoire qu'elles composent de femmes, de jeunes filles
et de fillettes d'âges très variés.

Les mets préparés sont consommés sur place par les auditrices, ou emportés, ou vendus au profit de l'œuvre du *Frauenverein local,* qui achève de couvrir les frais, si il y a lieu.

Certaines de ces *écoles ambulantes voyagent en automobile,* ce qui facilite beaucoup leur transport.

Ce genre d'écoles est très répandu dans toute l'Allemagne mais surtout dans le grand-duché de Bade.

D, — RESTAURANTS MÉNAGERS.

La consommation de la nourriture préparée dans les exercices des écoles ménagères a toujours été une des grandes difficultés pratiques à surmonter.

Le problème a été solutionné, en Allemagne, par la création de *restaurants ménagers* destinés au public.

Il est peu d'écoles ménagères, petites ou grandes, qui n'écoulent, au moyen d'un restaurant qu'elles se sont annexé, les aliments qu'elles préparent.

Les repas y sont vendus 75 pfennigs à tout près de 1 mark, soit 83 cent. 21 à 1 fr. 11.

Cette façon de procéder est même une source de revenus appréciables pour certaines *Frauenvereine.* C'est ainsi que le *Lette-Haus* réalise 8 à 10.000 francs de bénéfices par an.

§ 4. — Remarques générales.

D'après M. *Aug. Forster* [1], il y avait, en 1908, sur 543 villes allemandes ayant plus de 10.000 habitants, 154 de ces villes qui avaient introduit l'enseignement ménager dans leurs écoles primaires.

Un nombre à peu près égal de ces villes l'ont aussi introduit dans leur enseignement secondaire.

Les Frauenvereine ont créé d'innombrables *Cours ménagers populaires* de tous genres, en outre des écoles ménagères pour la bourgeoisie dont il a été parlé plus haut.

1. Rapport au Congrès d'économie ménagère de Fribourg, de septembre 1908.

En 1906, on comptait 216 filiales de *Vaterländischer Frauenverein* (association de dames patriotes) qui entretenaient des *Écoles ménagères* enseignant l'économie domestique *théorique* et *pratique*, à 19.872 jeunes filles.

La Bavière comptait, à elle seule, en 1907, 40 écoles ménagères enseignant à 1.800 élèves et 46 écoles d'ouvrages manuels recevant 4.000 jeunes filles. De plus, elle avait 6 séminaires pour former les institutrices-ménagères et 500 *Cours ambulants privés.*

Mais, d'après le Dr *W. Liese,* c'est la Prusse qui, en 1908, tenait la tête de cet admirable mouvement, avec ses 603 institutions publiques ou privées distribuant l'enseignement de la science ménagère à plus de 25.000 jeunes filles.

Malgré tous les efforts faits en faveur de l'éducation ménagère de la population allemande, il y avait encore, en 1908, d'après M. *Aug. Forster,* plus de 80 % des jeunes filles qui se mariaient, sans avoir aucune connaissance pratique des travaux de l'économie ménagère. Aussi se trouve-t-il d'innombrables voix pour demander que l'enseignement ménager soit *obligatoire* pour toute l'Allemagne, comme il l'est, depuis longtemps, pour le grand-duché de Saxe-Meiningen.

CHAPITRE V

ÉDUCATION DOMESTIQUE DE LA FEMME EN ANGLETERRE ET DANS QUELQUES AUTRES NATIONS D'EUROPE

De même que dans les autres pays que nous avons examinés, l'enseignement de l'économie domestique a pris, en Angleterre, un grand développement dans toutes les classes de la Société.

On peut en classer toutes les variétés en trois degrés : *normal supérieur*, *normal secondaire* et *primaire*.

§ 1. — École normale supérieure d'économie domestique.

Elle a été fondée en 1874, peu de temps après la création des premières écoles ménagères de France et d'Allemagne, et installée dans un superbe bâtiment, avec le grand titre d'*École normale nationale d'économie domestique*.

Un de ses principaux buts a toujours été d'enseigner à faire une cuisine qui soit, à la fois, très *nutritive*, très *hygiénique* et *agréable*, selon les prescriptions des *programmes officiels*.

Cette école n'admet que des élèves âgées de 18 à 35 ans, qui peuvent être internes ou externes.

Son enseignement, à la fois *théorique* et *pratique*, s'y donne sous forme de *cours distincts* qui embrassent toutes les branches de l'économie ménagère urbaine et rurale.

L'élève peut se spécialiser dans un seul de ces divers enseignements, pour en faire sa profession, ou les combiner, à son gré, selon ses capacités et ses goûts.

L'enseignement complet peut se faire en 42 semaines, pour le prix de 875 francs.

Il comprend 1.007 leçons dont 87 théoriques et 920 pratiques.

Cette grande école normale est destinée à former tout spécialement :

1° Des professeurs ou *institutrices-ménagères secondaires* de chacune des spécialités de l'économie domestique. Elles sont appelées à professer dans les *écoles normales* ou à les diriger, ou encore, au besoin, à faire simultanément les deux.

Aussi, est-on très exigeant sur leurs aptitudes pédagogiques. *On attache une très haute importance à leurs qualités de vulgarisatrices.*

Les épreuves finales, très sévères, qu'elles ont à subir comprennent :

a) Une leçon purement théorique de 1 heure, qui est faite devant des adultes.

b) Une leçon théorique et pratique de 2 heures, qui est faite devant des fillettes.

c) La préparation, en 4 heures, d'un dîner assez compliqué.

Toutes les manœuvres purement *pratiques* sont toujours accompagnées de nombreuses explications *théoriques* destinées à démontrer que la future maîtresse comprend bien le travail qu'elle exécute;

2° Des *institutrices-ménagères primaires* destinées à enseigner l'économie domestique dans les écoles ménagères primaires et à faire l'enseignement post scolaire dans les cours d'adultes;

3° Des *maîtresses de maison de tous rangs*, depuis les femmes du grand monde, jusqu'à la petite bourgeoise, au moins. Elles suivent des *cours spéciaux;*

4° Des *domestiques de toutes les catégories* (cuisinières, femmes de chambre, bonnes à tout faire, bonnes d'enfants, etc., etc.);

5° Des *gardes-malades* capables de préparer la cuisine qui convient aux malades et de leur donner tous les soins d'hygiène exigés par leur état, d'après l'avis du médecin.

Cette grande école fait encore d'autres enseignements spéciaux, parmi lesquels se trouvent des cours pour les *soldats des armées de terre,* et d'autres *cours pour les marins.*

Un *diplôme de capacité* est toujours délivré à l'élève qui a terminé ses études et subi, avec succès, les épreuves théoriques et pratiques qui doivent les couronner.

Elle jouit d'une grande réputation et est très prospère.

Depuis sa fondation, elle a formé plus de 100.000 élèves de toutes catégories et délivré près de 3.000 diplômes de professeurs. Aussi est-elle très riche.

Un *restaurant* lui est annexé, qui écoule sûrement les aliments préparés pour l'enseignement des élèves.

§ 2. — Enseignement normal secondaire d'économie ménagère.

Toutes les écoles de cette catégorie sont organisées sur le modèle de l'École normale supérieure. Elles n'en sont qu'un type plus ou moins réduit, selon l'importance des localités où elles siègent.

On en compte plus de 30 pour toute l'Angleterre. Une des plus réputées est celle d'Édimbourg, dont la fondation, qui remonte à 1875, est presque aussi ancienne que l'École-mère.

Cette école est très active, très prospère. Elle a fourni des professeurs à plus de 100 villes ou villages.

En outre des établissements de cette catégorie, il a été créé, sous le nom d'*Écoles polytechniques-ménagères,* un certain nombre d'autres centres d'enseignement dont les programmes comprennent la *psychologie,* celle de l'enfant surtout, la *pédagogie,* les *arts d'agrément,* la *diction,* etc.

§ 3. — Enseignement ménager primaire.

Fondé en 1875, cet enseignement est *obligatoire* pour toutes les fillettes, à partir de 11 ans.

On peut le diviser en deux grandes catégories, suivant le siège des écoles, c'est-à-dire suivant qu'elles sont installées à la campagne ou à la ville :

1° Écoles ménagères surtout rurales ;

2° Écoles ménagères surtout urbaines.

Cet enseignement est, aujourd'hui, organisé dans plus de 40 comtés.

Partout, dit *Franck* [1], où il avait été accueilli avec une certaine froideur, ou même avec hostilité, au début, il est actuellement accepté avec enthousiasme.

1° ÉCOLES MÉNAGÈRES SURTOUT RURALES.

Leur enseignement s'étend à toutes les parties de l'économie domestique proprement dite. Mais, *suivant les besoins locaux* ou les *initiatives privées,* on ajoute divers enseignements complémentaires, tels que les soins à donner aux *malades,* aux animaux de *basse-cour* ou d'*étable,* aux manipulations et à la fabrication du *beurre* et des *fromages,* à la culture des *abeilles,* aux différents jardins *potager, fruitier,* de *fleurs,* etc.

Une statistique de l'année 1904-1905 démontre que, pendant cette courte période, la cuisine prescrite par les programmes officiels a été enseignée à 276.363 jeunes filles.

Chaque élève paie la modique somme de 5 francs par an.

Des *inspectrices spéciales* sont chargées de s'assurer que la *cuisine officielle* prescrite par les règlements est bien exactement enseignée partout. Et partout, elle l'est.

Les *écoles ménagères rurales* sont plus spécialement organisées dans les petites villes ou dans les campagnes, où il n'y a qu'une seule école primaire.

2° ÉCOLES CENTRALES URBAINES D'ÉCONOMIE MÉNAGÈRE.

Dans les villes assez importantes pour avoir plusieurs ou beaucoup d'écoles primaires, l'enseignement ménager, au lieu

[1]. *L'éducation domestique des jeunes filles,* 1 vol. in-8°, 570 pages, Larousse, édit., Paris.

d'être fait dans chaque école, ce qui entraînerait à faire des dépenses trop grandes, et, du reste, faciles à éviter, est centralisé dans une seule école spéciale, *l'école centrale de ménage.*

Chaque école primaire y envoie, aux jours et aux heures qui lui sont fixés, toutes ses élèves âgées de 11 ans, et par section de 14 à 18, si il y a lieu.

Dans les grandes villes où les écoles primaires sont nombreuses et plus ou moins éloignées l'une de l'autre, toutes ces écoles sont divisées en sections et une *École centrale ménagère* est installée au centre de chaque section, de façon à ce que toutes ces écoles primaires en soient, à peu près, également éloignées.

Chaque *École centrale ménagère* représente, à l'instar des *maisons ouvrières* organisées par M. *Krupp*, une *installation ménagère idéale,* telle que devrait en avoir chaque famille ouvrière.

Et son organisation même est, par sa propre image, une source précieuse d'enseignement ménager pour tous.

L'enseignement ménager primaire est fait en 20 leçons, qui sont *obligatoires* pour toutes les petites filles de 11 ans, quelle que soit la classe sociale à laquelle elles appartiennent.

Les *écoles centrales ménagères* de Londres ont distribué. ainsi, en 1904, cet enseignement ménager à plus de 78.000 fillettes.

Un *examen officiel d'économie domestique* est imposé à chaque élève, et l'État donne, à l'école centrale ménagère, à titre de subvention, la somme de 5 francs par élève reçue.

Les mets préparés pour l'enseignement des élèves sont vendus à prix coûtant, ou, dans certains cas, consommés par le personnel de l'école.

Toutes ces écoles ménagères primaires, *rurales* ou *urbaines,* rendent les plus grands services et sont fort appréciées de tous. Aussi les encouragements et les dons leur viennent-ils en grand nombre.

§ 4. — Autres variétés d'écoles d'économie domestique.

L'enseignement ménager ne se borne point aux organisations déjà indiquées, qui en constituent le fond.

Il se manifeste encore, sous des formes très variées, telles que :

1° *Cours d'adultes* ou *écoles de continuation* qui fonctionnent surtout le soir;

2° *Écoles ménagères spéciales pour domestiques,* qui forment des servantes de 18 à 30 ans, de toutes les spécialités, moyennant des prix variés de scolarité ;

3° *Cours ménagers spéciaux pour Ladies,* qui sont uniquement destinés aux femmes du monde ;

4° *Écoles ménagères-agricoles,* très nombreuses, qui s'attachent à former, spécialement pour la campagne, des *maîtresses de maison,* des *châtelaines,* tout aussi bien que des *fermières* et des *servantes* de tous degrés et de toutes spécialités.

Toutes ces écoles ont un succès croissant, dans toutes les classes sociales, ce qui prouve clairement combien l'enseignement de l'économie domestique est nécessaire et apprécié de tous.

§ 5. — Remarques finales.

Si nous jetons un simple coup d'œil sur l'organisation de l'enseignement ménager dans les nations précédemment examinées, nous voyons immédiatement que, bien qu'elle n'y soit pas encore à l'état parfait, qu'il y ait même encore beaucoup à faire, cet enseignement est très vivace, très florissant, et fait concevoir les plus belles espérances pour l'avenir.

Je ne puis passer en revue, ici, tous les pays d'Europe. Cette étude entraînerait trop loin.

Je me bornerai simplement à dire, qu'au point de vue qui nous occupe, il en est de la *Hollande,* de la *Suède,* de la *Norvège* et du *Danemark,* comme de la *Belgique,* de la *Suisse,* de l'*Allemagne* et de l'*Angleterre.*

Et, si l'*Autriche* et la *Russie* ne sont pas encore aussi avancées, il faut reconnaître que l'enseignement de l'économie domestique y est en belle voie de développement.

Ajoutons, enfin, pour terminer ces *simples remarques* sur les États européens, que l'*enseignement ménager* n'est encore qu'à l'état naissant en *Italie* et en *Espagne,* qui ne sont guère moins en retard que la *France,* que nous allons examiner bientôt, après avoir jeté un coup d'œil sur l'*Amérique* et le *Japon.*

CHAPITRE VI

ÉDUCATION DOMESTIQUE DE LA FEMME
EN AMÉRIQUE ET AU JAPON

§ 1. — L'enseignement ménager en Amérique.

C'est en 1874, en même temps que l'Angleterre créait, à Londres, sa grande *École normale nationale d'économie domestique,* que *Miss Corson* fonda, à New-York, la première école de cuisine, pour les dames, les artisans, etc.

Depuis, l'enseignement ménager n'a pas cessé de s'étendre dans toutes les classes sociales.

Il a été organisé dans un très grand nombre d'écoles primaires.

Beaucoup de *chefs d'industrie* ont créé des *écoles ménagères* pour leurs employées et leurs ouvrières.

L'*économie ménagère* est devenue rapidement, dans l'esprit des Américains, une *véritable science* distincte, aussi importante, sinon plus, que les autres sciences.

De magnifiques *Instituts spéciaux,* comme savent en construire les milliardaires américains, tels que ceux de Prost, Levis, Armour, de Duxel, qui a été fondé, avec un legs de 15 millions de francs, le *Simmons college,* qui a nettement orienté son enseignement vers la haute *éducation sociale de la femme,* etc., ont été consacrés à la science ménagère.

Pour mieux assurer les progrès de la nouvelle science, une *Association nationale d'économie ménagère* a été organisée, pour rechercher, partout, et rassembler tous les renseignements, toutes les publications, tous les appareils ou instruments, tous les types d'enseignement et d'organisation, etc., en un mot tout ce qui, à un titre quelconque, touche ou se rapporte à l'économie domestique et peut contribuer à son enseignement.

Les autres États de l'Amérique du Nord, le *Canada* surtout, de même que les États de l'*Amérique du Sud,* ont suivi les États-Unis, dans cette nouvelle voie de progrès, et ont créé de très nombreux *Instituts de Science domestique,* des *Écoles normales ménagères* et d'innombrables *cours* de toutes variétés.

Il s'est formé ainsi, dans tout le continent américain, sur l'utilité de cette nouvelle science, une opinion publique qui n'a pas peu contribué à justifier les énormes sacrifices de temps et d'argent nécessités par les incomparables recherches scientifiques d'*Atwater* et de ses nombreux collaborateurs, sur la *valeur nutritive comparée des aliments,* etc.

§ 2. — L'enseignement ménager au Japon.

De toutes les nations qui, jusqu'ici, ont cherché à organiser l'*enseignement de l'économie domestique,* il semble que ce soit le Japon qui ait fait le plus bel effort, l'effort le plus original et le plus hardi, l'effort le plus rationnel, selon moi, pour concevoir et réaliser le grand *idéal de la science ménagère.*

Pour nous en convaincre, jetons un simple coup d'œil sur ce qui a été fait, à ce point de vue, dans cette admirable nation.

C'est encore en 1874, presque en même temps que l'Allemagne, l'Angleterre et l'Amérique, que fut créée, à Tokio, la première *école normale d'économie ménagère* pour jeunes filles.

Elle enseigne toutes les branches de la *science ménagère,* y compris les *soins* que l'on doit donner à la *première enfance.*

Cette école n'admet, comme élèves, que des jeunes filles

ayant accompli, d'une façon satisfaisante, toutes leurs études de l'enseignement secondaire, études qui sont complètes et très sérieusement dirigées.

Ces élèves sont *internes* et toutes destinées à faire des *professeurs* et des *directrices d'écoles ménagères* de toutes variétés, qui sont très nombreuses au Japon.

En 1900, le gouvernement a fait un nouvel effort des plus remarquables, en créant, à Tokio, dans la capitale de l'empire, une véritable *Université féminine* où toutes les études, toutes les connaissances *théoriques* et *pratiques*, pour lesquelles les femmes ont des aptitudes naturelles plus spéciales, tiennent la première place.

Dans cette même *Université féminine*, il existe une section spéciale, la section des *Sciences et Arts domestiques*, sorte de *faculté* qui jouit d'un prestige au moins aussi grand que celui accordé à toutes les autres facultés, et qui, comme elles, délivre tous les grades universitaires, jusqu'au *Doctorat ès sciences et arts domestiques* (*Congrès international d'économie ménagère de Fribourg, de septembre 1908, tome I, p. 718*).

Combien nous sommes encore loin d'un tel progrès, dans notre chère France, qui devrait être et que nous serions infiniment heureux de voir à la tête de ce grand mouvement de rénovation domestique!

TROISIÈME PARTIE

L'ÉDUCATION DOMESTIQUE DE LA FEMME EN FRANCE

SECTION I

ÉCONOMIE MÉNAGÈRE

Après avoir jeté un coup d'œil sur l'enseignement de l'économie domestique dans les principales nations civilisées, examinons, maintenant, ce qui a été fait en France, pour ce même enseignement.

Cette étude comparative nous permettra de nous rendre compte des analogies et des différences qui, sur cette grande question, existent entre notre nation et ses rivales.

Disons tout de suite que nous pourrons constater qu'elles ont su prendre, dans cette nouvelle voie de progrès, comme dans beaucoup d'autres, une grande avance sur notre pays.

Et, après avoir bien reconnu la grandeur de notre infériorité, nous verrons mieux ce que nous devons faire, non seulement pour nous mettre au niveau de nos émules, mais pour les dépasser à notre tour.

Afin de mettre un peu d'ordre dans notre étude, qui est très complexe, nous examinerons successivement :

1° L'enseignement primaire de l'économie domestique ur-

baine ou rurale, scolaire ou post-scolaire, organisé par l'État,
les municipalités ou les particuliers ;

2° Les mêmes variétés dans l'enseignement secondaire ;

3° L'enseignement supérieur de l'économie ménagère.

CHAPITRE I

ENSEIGNEMENT PRIMAIRE DE L'ÉCONOMIE DOMESTIQUE

§ 1. — Premiers essais d'enseignement primaire de l'économie domestique.

Le premier essai d'organisation de l'enseignement ménager primaire a été fait à Reims, en 1870, par Mme *Doyen-Doublié*.

Il est donc dû à l'initiative privée, comme tant d'autres belles et bonnes œuvres.

La création due à cette initiatrice était, dès le début, une véritable *école ménagère primaire*.

Depuis, cette école a été acquise par la ville de Reims et est devenue municipale.

Elle est destinée à compléter les études des fillettes possédant déjà le certificat d'études primaires.

L'enseignement dure trois ans.

Il est fait de 8 heures du matin à 6 heures et demie du soir.

Il porte sur toutes les branches de l'économie ménagère. *Il est surtout pratique.*

Trois heures par jour sont consacrées à repasser ou à compléter les connaissances déjà enseignées à l'école, telles que la langue française, l'histoire, l'arithmétique, l'histoire naturelle, la comptabilité, l'hygiène.

Une partie des objets confectionnés sont donnés au bureau de bienfaisance de la ville.

Au fond, c'est là une école ménagère et professionnelle.

§ 2. — Timide introduction de l'enseignement ménager dans les écoles primaires de l'État.

Douze ans après la création de Mme *Doyen-Doublié*, en 1882, l'enseignement ménager fut officiellement introduit dans le programme de l'école primaire, par *Jules Ferry* et *Buisson*, alors ministre de l'Instruction publique et directeur de l'enseignement primaire.

La circulaire ministérielle qui en indique les limites dit textuellement : que l'enseignement nouveau se bornera à des « *notions très simples d'économie domestique et aux applications à la cuisine, au blanchissage, à l'entretien du linge, à la toilette, aux soins du ménage, du jardinage et de la basse-cour* ».

Elle conseille aussi de faire des *exercices pratiques à l'école ou à domicile.*

Les circulaires postérieures, précisant la circulaire originale, ajoutent que ces notions doivent être inculquées sous forme d'*entretiens familiers,* de *lectures,* et, *quand cela est possible,* sous forme de *démonstrations pratiques.*

Les choses ne devaient pas aller toutes seules.

Les directrices, en effet, mal ou pas du tout préparées à ce nouvel enseignement, sans organisation, sans matériel et sans crédits, trop absorbées, du reste, par les autres enseignements classiques, et n'ayant pas le temps nécessaire pour s'occuper du nouveau, le négligèrent forcément, se bornant, très généralement, à quelques conseils aux enfants et à leurs familles.

Cependant, il y en eut quelques-unes qui se dévouèrent et organisèrent, tant bien que mal, plutôt mal que bien, comme elles purent, cet enseignement ménager sous le nom de *post-scolaire* que nous examinerons bientôt.

§ 3. — Enseignement ménager élémentaire organisé par quelques grandes municipalités.

A *Paris,* le conseil municipal, d'accord avec l'administration, ajouta de véritables *classes ménagères* aux *cours complémentaires* de 18 des écoles primaires de filles disséminées dans 10 des 20 arrondissements de la ville.

Les élèves sont divisées en sections, et, deux fois par semaine, pendant 4 heures, à tour de rôle, elles sont exercées par des *travaux pratiques* de :

1° *Cuisine;*

2° *Blanchissage, détachage, raccommodage, repassage;*

3° *Couture, lingerie, modes, fantaisie.*

D'autre part, deux autres heures par semaine sont employées aux leçons d'*hygiène* et d'*économie domestique.*

Chacune des trois sections ci-dessus change de travail tous les deux mois.

La ville paye les frais, du reste très minimes, que nécessitent ces exercices pratiques.

Le conseil municipal a également fait organiser l'*enseignement ménager élémentaire dans 5 des 8 écoles professionnelles* pour filles, qu'il a créées et qui sont devenues, ainsi, des *écoles professionnelles et ménagères.*

A dire vrai, ces cinq écoles sont beaucoup plus professionnelles que ménagères. On y fait, suivant l'industrie du quartier, des *couturières,* des *confectionneuses* pour femmes et enfants, des *lingères, corsetières, giletières, brodeuses, modistes, fleuristes, repasseuses,* des *dessinatrices* pour l'industrie, des commerçantes.

Les élèves n'y sont admises qu'après *concours,* à partir de douze à quinze ans. Il y en a environ 2.000 en tout.

L'enseignement seul est gratuit, mais le conseil municipal accorde souvent des *bourses de déjeuner,* ou *d'entretien,* ou *d'habillement.*

Si l'on ajoute les deux écoles primaires supérieures de filles,

Sophie-Germain et Edgard-Quinet, où l'on enseigne aussi des notions pratiques très simples de cuisine et de ménage, on voit que l'enseignement de l'économie domestique a reçu un commencement d'organisation pratique dans 25 seulement des très nombreuses écoles de la ville de Paris.

En province, nous voyons les villes de *Toulouse* et d'*Amiens* faire, dans leurs *écoles primaires supérieures*, une large part à l'enseignement de l'économie domestique.

De son côté, la ville de *Nancy* a, très heureusement organisé, dans une œuvre d'assistance par le travail, un *cours ménager*, auquel les filles et les mères des assistés sont tenues de se rendre régulièrement.

C'est là une très heureuse création.

D'après Mlle *Vigneron*, inspectrice générale des écoles professionnelles, toutes les écoles de commerce et d'industrie ont une tendance très marquée à donner une importance de plus en plus grande à l'enseignement ménager pratique.

L'École *La Martinière*, à *Lyon*, est citée comme un modèle, à ce point de vue.

Mais on estime que la part généralement faite à la *théorie*, dans cet enseignement, est trop faible.

§ 4. — Enseignement primaire privé de l'économie domestique.

A. — COURS SPÉCIAUX DE MÉNAGE.

De nombreux *cours ménagers* où la cuisine tient la place la plus importante, en général, ont été créés par l'initiative privée.

On cite souvent, parmi eux, ceux de :

1° M. et Mme *Driessens*, à Saint-Denis ;

2° Mlle *Chaptal*, à Plaisance ;

3° M. et Mme *de Peyster*, institués dans les garderies des écoles primaires de Grenelle, Levallois, Bercy, etc. ;

4° Mme *Thome*, rue Vaneau, à Paris ;

5° Mlle *Gahéry*, directrice de la *Maison sociale* située avenue d'Orléans, qui a créé un *Cours spécial* pour *cuisinières* et un *Cours normal* d'enseignement ménager, dont le programme, assez complet, est exécuté en un an.

Ce dernier *Cours* n'admet que des élèves internes, ayant déjà reçu leur brevet élémentaire.

B. — ENSEIGNEMENT MÉNAGER POST SCOLAIRE.

D'après M. *Édouard Petit*, inspecteur général de l'enseignement populaire, cette variété d'enseignement a une tendance des plus accentuées à s'orienter, pour les jeunes filles qui ont terminé leurs études primaires, vers l'*économie domestique.*

Chaque enseignement, pour ainsi dire, présente des variantes qui sont en rapport avec les besoins locaux, ou qui sont suggérées par des initiatives souvent originales.

Il cite notamment (*Rapp. de 1905-1906*), les départements de l'Ain, de la Corrèze, de la Loire, du Maine-et-Loire, de l'Aube, des Vosges, du Pas-de-Calais, etc.

Dans le Nord et l'Est de la France, un certain nombre d'industriels ont créé des *cours ménagers* à l'usage spécial de leurs ouvrières.

Ceux de Tourcoing (Nord) et de Lens (Pas-de-Calais) sont particulièrement à remarquer.

La ville de *Lens* se distinguerait de toutes les autres par le magnifique développement qu'y a pris l'enseignement de l'*économie ménagère.*

La *Société des mines* de la localité, dont les travaux feraient vivre actuellement 17.000 personnes, a organisé, pour ses employées, tout spécialement, un vaste enseignement qui embrasse toutes les branches de l'économie domestique. Cet enseignement serait un *modèle du genre*, le plus bel exemple que l'on puisse actuellement citer en France.

On sait que Mme *Demailly*, directrice de l'école Paul-Bert de *Lens*, avait créé, depuis très longtemps, dans cette école, une véritable *école ménagère* qui, de l'avis de tous ceux qui l'ont visitée, était un modèle. Aussi, est-il permis de croire que le bel exemple qu'elle a donné, pendant de nombreuses années, n'a pas été sans exercer une bienfaisante influence sur la Société des mines de cette ville, de même que sur sa population.

On peut adresser les mêmes éloges à Mme *Marie Thomas,* directrice de l'école primaire publique de Carvin (Nord), pour l'enseignement ménager qu'elle a su y organiser.

Enfin, Mme *Rochebillard* a fondé, à Lyon :

Un *Cours ménager,* pour jeunes filles du monde;

Un autre pour jeunes filles du peuple;

Un *Cours normal d'économie domestique,* où elle a su former des élèves dévouées qui, à leur tour, ont créé, dans les quartiers ouvriers de la ville de Lyon, puis à Bordeaux, Montpellier, Besançon, etc., ainsi qu'au Creuzot, avec l'aide de Mme *Schneider,* des *Cours populaires de ménage* qui rendent les plus grands services.

C. — ENSEIGNEMENT MÉNAGER ORGANISÉ PAR LES ASSOCIATIONS D'ÉDUCATION POPULAIRE.

A côté de l'enseignement officiel et de celui dû à l'initiative privée individuelle, diverses *Associations d'éducation populaire* ont pris et continuent à prendre une part plus ou moins active dans la propagation de l'*enseignement ménager.*

Telles sont, par exemple, les *associations philotechnique* et *polytechnique.*

Telle est, surtout, la *Ligue de l'enseignement,* qui s'est efforcée de provoquer ou de protéger les initiatives privées, et qui, de plus, a répandu largement un *programme remarquable d'enseignement ménager,* qui a été rédigé sous l'inspiration de Mme *Demailly,* et même appliqué, par elle, dans un certain nombre de départements.

A ces trois associations laïques, il est juste d'ajouter celle de la Société catholique des sœurs de Saint-Vincent de Paul, dont l'*École ménagère* de la rue de l'Abbaye, à Paris, a créé un certain nombre de filiales, surtout en province.

Enfin, pour terminer les remarques faites sur l'action des associations religieuses, disons que les *couvents* et les *patronages catholiques* sont, de plus en plus, orientés vers l'enseignement de l'*économie ménagère*.

§ 5. — Écoles normales primaires d'institutrices-ménagères.

L'État n'a encore créé aucune *école normale spéciale* pour l'enseignement de l'économie domestique dans ses écoles primaires.

Mais il a introduit, en 1887, dans le programme de ses *écoles normales primaires*, un *cours d'économie ménagère* qui comprend les travaux d'économie domestique, ainsi que ceux du jardinage.

Ce *cours* a été encore complété, en 1905, par des notions d'hygiène domestique et de la première enfance.

Nous avons déjà vu que l'institutrice est trop absorbée par ses autres enseignements pour pouvoir, encore, se consacrer, d'une façon convenable, à celui de l'économie domestique.

Tout au plus, peut-elle enseigner, à ses élèves, quelques notions purement *théoriques*.

Ce que l'État n'a pas encore fait, la *Ville de Paris* l'a réalisé, en fondant, rue Chaumeil et rue des Minimes, deux *écoles normales primaires de ménage,* qui sont destinées à former des *institutrices-ménagères,* pour ses cours complémentaires et pour ses écoles professionnelles-ménagères.

Après trois ans d'études ménagères *théoriques* et *pratiques,* les élèves-maîtresses, qui subissent les épreuves finales avec succès, reçoivent un *diplôme spécial* qui leur donne le droit d'enseigner l'économie domestique dans les écoles de la ville de Paris, etc.

L'initiative privée a encore, ici, donné un bel exemple, à l'État et aux grandes municipalités, en organisant, à Paris ou en province, plusieurs *écoles normales de ménage,* pour former des *institutrices d'économie domestique.*

Parmi ces heureuses créations, il convient de citer

A. — L'*École des mères,* établie à Bordeaux, en 1897, par une femme de haute valeur, Mme *Moll-Weiss,* et qui, depuis 1903, a été transférée à Paris, 12, rue Miromesnil, où elle forme des maîtresses-ménagères capables d'enseigner aussi bien dans les lycées que dans les écoles primaires ;

B. — L'*Institut ménager* créé, à Paris, par Mme la *comtesse de Diesbach,* qui a formé, d'après la méthode belge, un grand nombre de maîtresses diplômées, qui ont fondé, à leur tour, de nombreuses *écoles ménagères,* ou qui dirigent des *Cours.*

C. — Le *Cours normal rapide* professé, à Lyon, depuis 1903, par Mme *Rochebillard,* qui, en un temps *très court,* arrive à former des maîtresses réputées et diplômées.

§ 6. — Écoles ménagères rurales.

Depuis longtemps déjà, de bons esprits clairvoyants ont fait ressortir que l'*éducation ménagère et agricole* de la femme était complètement négligée, que cette femme jouait, cependant, un rôle très important, non seulement dans la vie de famille de la campagne, dont elle est la principale base, mais encore dans la formation de la richesse nationale, puisqu'elle a à diriger, seule, les travaux assez compliqués du ménage proprement dit, comme la ménagère urbaine, à élever des enfants, à exécuter ou à diriger, seule ou presque seule, les travaux de la basse-cour et de l'étable, des jardins potager, fruitier, de fleurs, tout en collaborant plus ou moins, presque toujours, aux travaux plus étendus des champs.

Dès 1882, M. *Joigneux* réclamait, non sans énergie, la création d'*écoles ménagères-agricoles.*

Il fut suivi, dans cette voie, par un grand nombre de personnes éminentes, au premier rang desquelles nous trouvons *Jules Simon, Mathieu de Dombasle.*

Sous l'empire des saines et fécondes raisons exposées par M. *Joigneux,* on voyait se fonder successivement, et spécialement pour l'éducation des jeunes filles :

1° En 1884, l'école de laiterie pratique, à *Kerliver* (Finistère);

2° En 1886, une école semblable, à *Coetlogon*, près de Rennes, sur l'initiative de Mme *Bodin,* école qui fut, plus tard, rattachée au Ministère de l'Agriculture, malgré son caractère privé;

3° En 1902, enfin, l'*École ménagère-agricole de Monastier,* petit chef-lieu de canton situé sur la Colanse, dans l'arrondissement du Puy (Haute-Loire).

Cette dernière école, qui est un perfectionnement des deux précédentes, et surtout de celle de Coetlogon, a servi de modèle à beaucoup d'autres, qui se sont élevées à l'étranger et notamment en Belgique, où l'enseignement ménager-agricole a pris, nous l'avons dit plus haut, un si remarquable développement.

L'École de Monastier, bâtie sur une magnifique propriété de 60 hectares, est organisée avec tout le *confort moderne* pour recevoir 30 à 40 jeunes filles.

Son enseignement *théorique* et *pratique,* est complet et de nature à former d'*excellentes fermières.*

En outre des différentes branches de l'économie ménagère et de l'hygiène, il comprend tout ce qui concerne l'élevage des principaux animaux de basse-cour, d'étable ou de jardin, tels que vaches, moutons, porcs, poules et autres volatiles, lapins, abeilles, etc., qui sont, tous, et en grand nombre, logés dans les meilleures conditions.

Cet enseignement comprend aussi les cultures des arbres fruitiers, des plantes et herbes potagères, d'agrément ou d'ornement, qui se font dans des jardins spacieux et bien tenus.

Il s'étend, enfin, au travail du lait, à la fabrication du beurre et des différents fromages, à la préparation des conserves alimentaires végétales et animales, à la comptabilité domestique, etc., etc.

Cette école est privée, mais subventionnée par l'État, qui prend à sa charge les traitements des institutrices-ménagères agricoles.

Son but est de former des *maîtresses* pour l'enseignement, ainsi que des *fermières d'élite,* ce qui lui donne le caractère d'une *École normale mixte.*

Depuis l'organisation de cette belle *École ménagère-agricole modèle,* d'autres, du même genre, ont été successivement créées dans les départements du Nord (5 décembre 1905), du Pas-de-Calais (1906), de l'Oise (1907), de la Seine-Inférieure, de la Haute-Marne, du Puy-de-Dôme, toutes en 1909, enfin, de l'Isère, des Deux-Sèvres, de la Haute-Loire, du Nord encore (2e école).

Partout le nouvel enseignement rural a été accueilli avec joie et reconnaissance.

A. — ÉCOLES MÉNAGÈRES AGRICOLES AMBULANTES DUES A L'INITIATIVE PRIVÉE.

Pendant que l'on s'en tenait encore, en France, à la première école rurale fixe de Coetlogon, une belge, Mme *Thiers-Tanghe,* que son gouvernement avait envoyée faire un stage de six mois dans cette école, méditait de faire mieux encore, et en 1890, la Belgique créait, sous son inspiration, ses premières *écoles ménagères agricoles ambulantes,* qui rendirent tant de précieux services et qui servirent de modèles à beaucoup d'autres nations, y compris la France, comme nous allons le voir.

Tout d'abord, ce fut l'initiative privée qui, s'inspirant de l'exemple donné par Mme *Thiers-Tanghe,* fit surgir successivement les *écoles ménagères agricoles ambulantes* des départements du Nord, du Pas-de-Calais, de la Lozère, de l'Ardèche, de l'Oise, etc., qui y sont tant appréciées par les populations rurales.

Puis, l'État fut entraîné à son tour.

B. — ÉCOLE MÉNAGÈRE AGRICOLE NORMALE DE GRIGNON ET SON ÉCOLE AMBULANTE.

En présence des grands services qu'il rendait partout où il fonctionnait, en France comme à l'étranger, encouragé par les succès qu'il rencontrait dans les populations qui jouissaient de ses bienfaits, notre gouvernement se décida, enfin, à organiser un enseignement *ménager agricole ambulant,* semblable à celui qui existait déjà, mais encore perfectionné.

Par un décret du 14 mai 1912, le ministre de l'Agriculture créait une *École supérieure d'enseignement agricole et ménager,* à Grignon.

Le but de cette *École supérieure* est de former des *Institutrices-ménagères agricoles spéciales,* nécessaires au nouvel enseignement ambulant, et aussi, de donner une bonne instruction ménagère-rurale aux jeunes filles de la campagne qui sont désireuses de la posséder.

Les *élèves-maîtresses* ne sont admises, dans la nouvelle *école supérieure,* que si elles sont déjà pourvues du brevet élémentaire et âgées de dix-neuf ans.

Elles sont recrutées au *concours.*

L'école admet aussi des *élèves libres,* sans concours et à partir de seize ans.

Toutes les élèves sont internes.

L'enseignement est le même pour les deux sections et il doit être couronné par un *diplôme spécial* qui, pour les *élèves-maîtresses,* donne le droit d'enseigner ce qu'elles ont appris à l'école ou de diriger des *écoles ménagères.*

Il est, à la fois, *théorique* et *pratique,* vraiment scientifique, mais surtout pratique.

Il embrasse toutes les parties de l'*économie ménagère agricole* qu'une bonne fermière doit posséder.

Il dure six mois divisés en deux périodes de trois mois, mais comprises, chacune, entre le 15 juillet et le 15 septembre de deux années consécutives.

Cette façon de procéder a été adoptée, parce que les locaux de l'école de Grignon, réservés, jusqu'ici, aux garçons, ne sont libres que pendant leurs vacances, c'est-à-dire du 15 juillet au 15 septembre.

C'est pendant les neuf mois qui séparent le 15 septembre du 15 juillet de l'année suivante que les *élèves-maîtresses* iront enseigner l'*économie ménagère agricole* dans des *cours am-*

bulants, avec l'aide et sous la direction de leurs propres *institutrices ménagères,* et se former ainsi à la vulgarisation orale.

C. — COMPOSITION DU MATÉRIEL DE L'ÉCOLE AMBULANTE.

Le *matériel de l'école ménagère agricole ambulante* se compose de tous les ustensiles, instruments et appareils les plus perfectionnés, qui sont nécessaires à l'accomplissement des travaux de la fermière. On peut les diviser en cinq sections dont voici le détail[1] :

A. — Matériel de cuisine (cuisinière, buffet, batterie de cuisine, service de table, boites pour les conserves, etc., etc.).

B. — Matériel de nettoyage, raccommodage, repassage du linge de l'école ou apporté par les élèves, ainsi que machine à coudre, mannequin, patrons, vêtements confectionnés, collections de tissus, etc.

C. — Tous les objets nécessaires à la réception, au contrôle et à l'analyse du lait, de la crème : bascule, mesures, balance, etc. ;

Matériel d'analyse : appareil Gerber, Marchand, crémomètre, densimètre, pèse-acides, produits chimiques, etc. ;

Deux écrémeuses, deux barattes, deux malaxeurs, table à beurre, moules, spatules ;

Armoires, séchoirs et montants à fromages, moules, présure, bassines, hygromètres, psychromètres, seau, etc. ;

Couveuses et éleveuses, ruches, outils d'horticulture, instruments nécessaires à l'élevage du bétail ;

D. — *Matériel de classe :* tables, chaises, bibliothèque, tableaux d'enseignement, armoire, musée contenant la pharmacie de ménage, herbier, collections de graines, d'engrais, d'aliments du bétail, etc.

E. — Une armoire-bibliothèque, facilement démontable, pour être déménagée, comme tous les meubles fabriqués pour l'école.

---

1. Les *Écoles ménagères ambulantes,* etc., par M. J. M. Guillon, inspecteur de la iticulture, in *Bulletin mensuel de l'Office des renseignements agricoles* de juin 1911.

Beaucoup de ces appareils, instruments, etc., sont mis en dépôt par les maisons qui les vendent habituellement ou qui les fabriquent.

a. — Conditions du déplacement de l'école ambulante.

La municipalité qui veut faire venir une *école ambulante* dans sa commune doit en faire la demande au préfet, qui l'accorde, sur l'avis favorable du professeur départemental d'agriculture ou des présidents de sociétés agricoles, et à la condition que cette municipalité s'engage à fournir gratuitement :

1° Les locaux nécessaires, tels que salle de classe, grande salle pour l'installation des appareils destinés aux travaux pratiques ;

2° Une cave pour les provisions et la maturation des fromages ;

3° Deux chambres pour le logement des maîtresses ;

4° Le chauffage et l'éclairage ;

5° Les aides nécessaires pour l'installation et l'emballage ;

6° Le lait nécessaire pour les travaux pratiques (30 à 40 litres par jour) ;

7° Enfin, la municipalité doit pouvoir assurer la présence d'un *auditoire de 20 élèves au plus et 15 au moins,* âgées de quinze ans, possédant, autant que possible, le certificat d'études primaires et ayant pris l'engagement par écrit de suivre régulièrement les cours et les travaux pratiques.

b. — Programme de l'enseignement ménager agricole ambulant.

Chaque cours dure trois mois. L'école peut faire ainsi trois déplacements par an, dans les principaux centres de production.

L'enseignement donné dans chaque cours varie un peu, suivant la production économique de chaque localité.

Le *programme-type* comprend :

1° Des *cours théoriques* sur :

a) L'économie domestique ;

b) L'hygiène et les soins à donner aux nouveau-nés ;

c) La cuisine nutritive, hygiénique et économique ;

d) La coupe et la couture ;

e) La comptabilité ménagère ;

f) La laiterie, beurrerie, fromagerie ;

g) Le jardinage et l'arboriculture fruitière ;

h) La zootechnie et l'hygiène du bétail ;

i) L'aviculture ;

2° Des *travaux pratiques,* en quatre sections concernant :

a) L'économie domestique, la cuisine, l'entretien du linge et des vêtements ;

b) L'analyse des laits, la beurrerie et la fromagerie ;

c) La mise en marche d'une couveuse, l'élevage et la vente de la volaille, la comptabilité de basse-cour ;

d) Les divers travaux de jardinage, la visite des animaux de ferme.

Des médailles peuvent être données, aux élèves les plus méritantes, par le ministre de l'Agriculture.

L'État accorde une subvention de 4.000 francs à chaque département qui organise l'enseignement ménager agricole.

La dépense faite ainsi par le département s'élève à 6.000 francs, la première année, et à 3.000, les années suivantes.

Il est certain que cet enseignement est appelé à rendre les plus grands services.

On pourra sûrement constater ses bienfaisants résultats avant longtemps.

CHAPITRE II

ENSEIGNEMENT SECONDAIRE DE L'ÉCONOMIE DOMESTIQUE

L'enseignement secondaire de l'économie domestique est celui qui est ou devrait être fait dans les *lycées* et les *collèges* de l'État, ainsi que dans les établissements privés analogues.

§ 1. — Difficulté de son introduction dans les programmes officiels.

Il a été introduit, par la loi organique du 21 décembre 1882, dans l'enseignement classique secondaire des jeunes filles, ainsi que l'*hygiène* et les *travaux à l'aiguille*.

Après diverses discussions faites au sein du Conseil supérieur de l'Instruction publique, où, malgré la loi, il a failli être supprimé, notamment dans la session de juillet 1897, par divers membres, qui pensaient, bien à tort, que la famille suffirait, pour l'enseigner, il a été maintenu finalement dans cette même session de juillet 1897.

Le Conseil supérieur a décidé, alors, que douze conférences d'une heure seraient consacrées à l'économie domestique et à l'hygiène, en 3ᵉ année, et 2 heures par semaine, à des travaux progressifs de couture et de coupe, en 1ʳᵉ, 2ᵉ et 3ᵉ année (arrêté du 14 juin).

De plus, l'hygiène tient une grande place dans le programme de physiologie enseigné en 4ᵉ et 5ᵉ année.

D'après l'arrêté du 14 juin 1907, l'enseignement de l'économie domestique se borne *à quelques généralités théoriques* sur les principaux travaux domestiques.

C'est vraiment beaucoup trop peu. Tout le monde en convient facilement.

§ 2. — **Efforts privés faits dans quelques lycées de jeunes filles.**

Aussi, quelques lycées, tels que ceux de Versailles, Orléans, Reims, Guéret, du Havre, de Clermont, Bordeaux, Auxerre, Dijon, Montpellier, Fénelon de Paris, etc., se sont-ils efforcés de remédier à cette insuffisance du programme, surtout à l'*absence de la pratique,* sans laquelle on ne saurait faire un enseignement vraiment utile et complet, en organisant quelques travaux pratiques variés d'économie domestique.

Tous ont organisé des *cours de cuisine* très simple, qui est préparée par les élèves divisées en groupes de 8 à 10.

Certains y ajoutent la plupart des travaux les plus usuels du ménage relatifs à l'entretien du linge de corps et des vêtements, ainsi qu'à leur confection, qui entre, du reste, dans les travaux pratiques de coupe et de couture prévus par le programme.

Parmi ces lycées, il convient de citer tout particulièrement ceux de Reims, d'Orléans et de Clermont, dont les directrices m'ont fait connaître, en détail, leur enseignement ménager.

Au *lycée de Reims,* la directrice, Mme *B. Savery,* a organisé un véritable **enseignement ménager pratique.**

Le *cours* a lieu une fois par semaine, de 2 heures à 6 heures. L'enseignement culinaire y tient la première place.

Les élèves internes et externes de 3ᵉ année secondaire sont divisées par groupes de 10 ou 12, et chaque groupe prépare un repas entier qu'il consomme.

A la fin de l'année, les élèves du *cours ménager* préparent, à titre de sanction, le dîner ou le déjeuner de l'internat tout entier.

Les élèves font aussi bien les conserves de légumes, de fruits, les confitures, etc., que la cuisine.

Elles apprennent les meilleurs modes d'approvisionnement, le choix des denrées et les prix de revient de chaque mets et de chaque repas.

Elles sont exercées aussi à la confection et au bon entretien du linge de corps et des vêtements de femme.

Le nettoyage, le bon entretien et la mise en ordre de la cuisine, de la salle à manger, et de leurs ustensiles, leur incombent entièrement.

De plus, chaque interne du cours ménager est chargée de maintenir en bon état, tous les jours, sa chambre et son mobilier, ses vêtements y compris ses chaussures.

Les élèves du lycée de Reims reçoivent ainsi, grâce à l'excellente organisation de l'enseignement créé par M*me Savery*, à côté de la culture générale, une préparation pratique à la vie domestique et de famille.

Cet enseignement a eu un tel succès, auprès des jeunes filles et de leurs parents, que l'on a dû créer, m'écrit la directrice, une sorte de section ménagère, à côté des classes ordinaires du lycée.

Je ne puis citer en détail tout ce qui a été fait dans les autres lycées. Cependant, pour terminer, j'ajouterai que le *lycée de Guéret* a organisé, à côté de l'enseignement ménager proprement dit, une *laiterie modèle* où l'on fait d'excellent fromage et un beurre si estimé qu'il a été médaillé dans plusieurs expositions.

Les élèves y apprennent aussi à faire la culture des abeilles et à recueillir le meilleur miel, etc.

§ 3. — Écoles normales privées
de l'enseignement secondaire ménager.

L'État n'a pas encore créé d'*École normale d'enseignement secondaire d'économie domestique*, pour y préparer, d'une façon spéciale, des futures *maîtresses-ménagères*, qui devraient être chargées du nouvel enseignement dans ses établissements, lycées et collèges, du second degré.

Les quelques notions d'économie domestique et d'hygiène officiellement enseignées, en 3ᵉ année secondaire, sous forme de 12 conférences théoriques, le sont, le plus souvent, par les maîtresses ordinaires de l'établissement, ou, quelquefois, par des maîtresses libres qui lui sont adjointes.

En dehors des ouvrages faits à l'aiguille, les travaux pratiques d'économie ménagère ne portent que sur la préparation de quelques mets, dans la plupart des lycées où il en existe.

A peine fait-on, sur l'économie domestique, depuis peu d'années, quelques conférences aux élèves de l'*École normale supérieure de Sèvres* qui, comme on sait, prépare la plus grande partie des maîtresses de l'enseignement secondaire classique des lycées et collèges de l'État.

L'enseignement ménager que reçoivent, dans leurs *écoles normales primaires,* les futures *institutrices,* est assurément beaucoup plus complet, la comparaison des deux programmes le démontre bien, grâce à l'élargissement très considérable qui lui a été donné par les circulaires ministérielles de 1905 et de 1906.

Cette regrettable lacune a été, fort heureusement diminuée, par l'initiative privée d'une femme supérieure, Mᵐᵉ *Moll-Weiss,* qui n'a cessé de se dévouer au développement et à la vulgarisation de l'économie ménagère dans notre pays.

Dès le 6 novembre 1897, cette femme éminente a créé, à Bordeaux, sous le nom d'*École des mères,* un établissement pour l'enseignement de l'économie ménagère, qu'elle a transféré à Paris, 12, rue Miromesnil, en 1903.

Son programme d'enseignement théorique et pratique est très étendu, sinon complet. Il montre les plus hautes aspirations, les plus belles ambitions morales et sociales, en faveur de la femme et de la famille.

Cet enseignement comprend les 4 sections ci-après exposées :

A. — Une *section d'éducatrices* qui prépare spécialement, non seulement les jeunes filles du monde aux fonctions de *maîtresse de maison et de mère de famille,* pour les différentes situations sociales et de fortune qu'elles occupent ou peuvent occuper, mais aussi des *institutrices spéciales* pour l'enseignement ménager.

Elle forme, en outre, des *maîtresses-ménagères spéciales* pour le redressement moral et intellectuel des enfants anormaux, l'assainissement, la mise en ordre et en bon état d'entretien, la moralisation et l'embellissement, etc., des pauvres foyers domestiques, aux nombreux enfants, si souvent rongés par le gaspillage, l'insalubrité, le désordre et la saleté, la mauvaise nourriture, l'alcoolisme et la tuberculose, les maladies infectieuses, etc.

C'est là l'œuvre spéciale de la *sous-section* des apôtres de l'éducation ménagère et de la famille.

B. — Une *section d'éducation populaire,* dont les élèves enseignent l'économie domestique, la façon de faire une cuisine saine et très économique, ainsi que les soins à donner aux enfants du 1er âge, dans les *Foyers* de l'*École des mères* fondés de différents côtés, et, notamment, à Belleville, Grenelle, Levallois, Plaisance, Bercy, Troyes, etc.

C. — Une *section de propagande* qui agit surtout au moyen des livres, brochures, journaux, tracts, expositions, conférences, conseils pratiques, etc.

D. — Une *section de Recherches et d'Études* qui organise, entre gens compétents des deux sexes, des *Causeries* très variées, par exemple, sur la salubrité et l'hygiène de l'habitation, les soins à donner aux petits enfants, la réforme des marchés de première main, des enquêtes portant sur les budgets des familles ouvrières, d'après le travail, les régions, etc., sur les garderies d'enfants, les soins à donner aux malades, etc., etc.

Comme on voit, l'*École des mères* est, à la fois, une *école normale d'enseignement ménager* et une *école d'éducation morale et sociale.*

ENSEIGNEMENT SUPÉRIEUR DE L'ÉCONOMIE DOMESTIQUE

L'Enseignement supérieur de l'Économie domestique est encore à peine ébauché, actuellement, dans l'*École normale supérieure de Sèvres,* où il pourrait avoir sa place, au moins en partie.

Pour éveiller la curiosité des *élèves-maîtresses* de cette grande école, Mme *Moll-Weiss* y a commencé des conférences, en 1908.

C'est là une bonne tendance, mais on ne saurait s'en contenter.

Quant aux diverses *Facultés de l'enseignement supérieur,* que l'on examine celle de la médecine ou des sciences, du droit ou des lettres, etc., on ne l'y rencontre nulle part.

Il pourrait cependant, bien compris et bien organisé, y rendre les plus grands services, en constituant une source où viendraient s'abreuver et s'inspirer tous ceux, et ils seront de plus en plus nombreux, que la *rénovation* de l'économie domestique et de la famille tourmentent.

Les *Facultés et Écoles de médecine* semblent particulièrement indiquées, pour organiser et répandre un tel enseignement, à moins que l'on ne préfère, comme le *Japon,* créer des *Facultés de Sciences et Arts domestiques,* ce qui vaudrait, peut-être, encore mieux.

SECTION II

PUÉRICULTURE

CHAPITRE I

ENSEIGNEMENT ET ŒUVRES
DE LA PUÉRICULTURE INFANTILE

§ 1. — Considérations générales justifiant l'organisation de la puériculture infantile.

La dépopulation de notre pays est un très grave sujet d'inquiétudes pour tous ceux qui se donnent la peine d'y réfléchir et d'en peser les funestes conséquences actuelles, prochaines, ou plus ou moins lointaines.

Je les ai déjà indiquées plus haut. Je n'y reviendrai pas ici.

Après avoir recherché les causes de ce très redoutable mal, j'ai démontré :

1° Que ces causes se trouvent, d'une part, dans l'*excès de la mortalité générale*, la *Nimimortalité*, beaucoup trop grossie par la *tuberculose, chez les adultes*, et les *maladies du premier âge, chez les nouveau-nés*, d'autre part, dans la *Paucinatalité* et l'*insuffisance croissante de la natalité*, qui compense à peine la mortalité, quand elle ne lui est pas inférieure, ainsi que cela est arrivé 5 fois de 1890 à 1912.

2° Que l'insuffisance de la natalité doit être attribuée surtout à un *malthusianisme* voulu, calculé, par la masse des individus et qu'il est extrêmement difficile de le combattre.

3° Que les maladies qui engendrent l'excès énorme de la mortalité viennent, directement et presque uniquement, de l'ignorance, plus ou moins profonde, dans la masse de notre population, de l'hygiène de l'alimentation, du logement, de la grossesse et de la première enfance, du travail et des plaisirs, du surmenage, etc., non moins que de la *misère* d'une très grande partie de la classe ouvrière.

Après avoir pris connaissance de toutes ces causes et acquis la conviction que l'on peut, sinon les supprimer, du moins les combattre efficacement, par des moyens appropriés, et réduire ainsi, sûrement, la mortalité générale, beaucoup d'excellents patriotes et de bons philanthropes se sont mis à l'œuvre.

De là, sont nées un grand nombre d'*œuvres privées*, très variées, qui ont été plus ou moins encouragées, soutenues, et, quelquefois, complétées par le concours ou l'initiative de l'administration.

Au fond, toutes reposent sur l'*hygiène* et l'*assistance*.

Les unes concernent l'enseignement théorique et pratique de l'économie domestique. Nous les avons passées en revue. Nous n'y reviendrons pas ici.

Les autres, plus récentes, visent plus spécialement l'*enseignement théorique et pratique de la puériculture des enfants du premier âge*. Nous avons dû, jusqu'ici, nous borner à en dire quelques mots seulement, à propos de l'économie ménagère, à laquelle la puériculture se trouve naturellement si intimement liée.

Nous allons, maintenant, les examiner largement, quoique sommairement.

§ 2. — Principales origines de la puériculture infantile en France.

Le professeur Dr *Budin* semble être, sinon le premier, du moins un des tout premiers qui, à partir de 1896, ont le plus fait pour créer et propager la *puériculture infantile*.

Par ses magistrales leçons, professées à la Faculté de Médecine de Paris, par ses conférences, dans les Congrès, dans les Sociétés d'enseignement et dans les milieux populaires, en province, comme à Paris, il a donné une grande impulsion à la création des œuvres de puériculture du 1ᵉʳ âge.

Le professeur Dʳ *Pinard*, en établissant les funestes conséquences que le travail excessif ou même ordinaire, le plus souvent lié à la *misère*, accompli par la femme, dans les derniers mois de sa grossesse, engendre pour son enfant, et, en conseillant la création de *refuges-ouvroirs* pour les malheureuses, en professant hautement que *le lait de la mère appartient à l'enfant*, en enseignant, aux élèves les plus âgées de certaines écoles communales de Paris, ce qu'il faut savoir, pour habiller, nettoyer, nourrir, etc., le jeune enfant, puis en publiant cet enseignement, sous une forme très simple, très claire et très élémentaire[1], a puissamment contribué à fonder la *puériculture infantile*.

De son côté, le Dʳ *G. Variot*, médecin des hôpitaux de Paris, a consacré tous ses efforts, depuis 25 ou 30 ans, à la création et au développement de cette nouvelle branche de la *pédiatrie*, soit dans son dispensaire de Belleville, soit dans de nombreuses conférences faites à l'hôpital des enfants malades ou dans les mairies de Paris, sur l'*hygiène infantile*.

D'autres médecins spécialistes, en grand nombre, tels que les Dʳˢ *Boissard, Demelin, Marfan, Méry, Bresset, Dufour* (de Fécamp), *E. Apert, Ausset* (de Lille), *Raimondi, H. de Rothschild, Lesage, Devraigne, Aviragnet, Planchan, Dubrissay*, etc., ont été d'actifs propagandistes, très écoutés du public médical ou des profanes.

Enfin, le sénateur *Paul Strauss*, le philanthrope qui a tant fait pour l'enfance, a fondé, en 1901, avec *Budin*, la *Ligue contre la mortalité infantile*, pour protéger les enfants du 1ᵉʳ âge, tout particulièrement contre l'ignorance de leurs mères.

Pour combattre leur ignorance, cette *Ligue* a organisé, avec le concours des institutrices et dans les préaux de leurs

---

1. *La puériculture du 1ᵉʳ âge.* 1 vol. in-12, Paris, 1904.

propres écoles, des *causeries* pour les mères de famille, sur l'*alimentation rationnelle des nouveau-nés.*

Un certain nombre de sociétés, telles que la *Mutualité maternelle,* la *Société des Dames Mauloises,* ont concouru à accentuer le mouvement de propagande en faveur des nourrissons, en propageant des *notions d'hygiène infantile.*

Grâce à cet admirable mouvement de propagande, un grand nombre d'œuvres nouvelles se sont fondées, pour protéger l'enfant, aussi bien pendant sa *vie intra-utérine,* qu'après sa naissance. Les quelques œuvres anciennes qui existaient déjà se sont développées ou réorganisées, pour mieux atteindre le but.

Actuellement, on peut ranger toutes ces œuvres dans les diverses catégories exposées ci-après.

§ 3. — **Création des consultations pour femmes enceintes.**

Les consultations de ce genre existent aujourd'hui dans la plupart des œuvres privées qui ont été créées pour protéger la femme et la première enfance.

Il en existe aussi dans la plupart des maisons d'accouchement de Paris.

Elles ont pour but de donner des conseils d'hygiène spéciaux à l'état de grossesse, de rechercher et de prévoir les parturitions difficiles ou dangereuses, que pourrait engendrer le rétrécissement du bassin, la présence d'une tumeur, une présentation vicieuse, tout ce qui, en un mot, est de nature à nuire à l'évolution du fœtus ou à lui donner des maladies.

§ 4. — **Œuvres ayant pour but de recueillir les femmes pauvres, avant, pendant et après leurs couches.**

Tous les spécialistes, le professeur Dr *Pinard* en tête, sont d'accord pour reconnaître que les travaux accomplis par la femme enceinte, surtout si ils ne sont pas très doux, et, à plus forte raison, si ils sont pénibles, exercent une très fâcheuse influence sur le développement de l'enfant, tout particulièrement dans les derniers mois de la grossesse.

Les enfants portés par des femmes surmenées naissent souvent avant terme, et, si ils viennent à terme, ils pèsent notablement moins que si les mères étaient restées au repos.

Dans les deux cas, ils sont frappés de *débilité générale,* peu résistants, et, conséquemment, fort exposés à la maladie et à la mort.

Ceux qui ne meurent pas restent, presque toujours, plus ou moins délicats, malingres et tarés.

Il va sans dire que si, en même temps que la femme enceinte se surmène dans le travail, elle souffre de la privation de nourriture, ou n'est pas assez nourrie pour son état, ce qui existe très fréquemment dans la classe ouvrière, étant donnés les *salaires de famine* qui sont alloués à la femme en général, les résultats sont encore pires.

Du reste, ces conséquences ne sont point spéciales à l'espèce humaine. Elles sont bien connues des éleveurs, qui savent parfaitement qu'elles ne manquent pas de se produire, dans les mêmes conditions, par exemple, chez la vache et la jument qui ont été soumises à des travaux de force prolongés.

Aussi, pour avoir de beaux produits, les éleveurs s'efforcent-ils de les *laisser au repos,* ou de ne leur imposer qu'un *travail très modéré,* tout en les nourrissant le mieux possible, au moins pendant les derniers mois de leur gestation.

La *puériculture* ne saurait donc s'arrêter au premier âge qui suit la naissance. Elle doit porter sur la vie *intra-utérine* du nouvel être, avant de porter sur sa vie *extra-utérine.*

Il faut soigner et fortifier la mère, pour mieux cultiver l'enfant qui grandit en elle.

Il en est, au fond, du terrain humain ou animal quelconque, comme du terrain minéral, pour les êtres vivants du monde végétal. Si le terrain est pauvre, mal soigné, épuisé et mal nourri, les fruits qu'il donnera seront maigres, chétifs, etc., exposés aux maladies et à la mort.

C'est sous l'influence de ces considérations et de ces faits, si souvent vulgarisés par le professeur Dr *Pinard*, en particulier, que se sont fondés des *Asiles-ouvroirs* qui ont pour but de recueillir, pendant les derniers mois de leur grossesse, les femmes pauvres et obligées de faire des travaux pénibles pour gagner leur vie.

Parmi ces œuvres, on cite, à Paris, comme des modèles du genre, les *Refuges-ouvroirs* de la Société d'allaitement maternel, ainsi que celui fondé par Mme *Bequet de Vienne*, en 1892, avenue du Maine.

Celui de l'avenue du Maine reçoit environ *700 femmes* par an. Toute femme enceinte, qu'elle soit mariée, veuve ou célibataire, y est reçue et gardée plusieurs mois, bien nourrie et dans les meilleures conditions de salubrité et d'hygiène, sans qu'elle ait rien à payer.

Le travail, jamais fatigant et toujours facile, y est absolument facultatif. Si la femme s'y livre, dans la mesure qui lui plaît, elle en reçoit le prix, à sa sortie, avec une layette pour son enfant.

Pendant tout son séjour, elle reçoit, ainsi que son enfant, les soins des praticiens, accoucheurs ou autres, les plus compétents.

L'enfant est ainsi véritablement *bien cultivé*, soit par l'intermédiaire de sa mère, soit directement, après sa naissance.

Aussi, les avantages qu'il en retire sont-ils des plus remarquables. Dans une communication que le professeur Dr *Pinard* a faite à l'Académie de Médecine, le 26 novembre 1895, et qui relate les résultats de 5.000 observations faites dans le *Refuge-ouvroir* de l'avenue du Maine, les enfants, *cultivés* et *nés* dans ces excellentes conditions, étaient presque tous, sinon tous, plus lourds, de 300 grammes en moyenne, plus sains, plus vigoureux et résistants, que ceux qui croissaient et naissaient dans des conditions opposées ou moins bonnes.

De tels enfants font actuellement, sans doute, si d'autres causes de maladie et de déchéance ne les ont pas frappés, des citoyens plus robustes, plus intelligents et plus utiles à la société, que les précédents, en admettant que ces derniers aient pu vivre.

Tous les *Refuges-ouvroirs* ne sont pas aussi généreux que celui fondé par Mme *Bequet de Vienne*. Certains, quoique spécialement destinés aux femmes de la classe ouvrière, sont *payants*, comme l'*Asile Michelet* et l'*Asile Sainte-Madeleine*.

D'autres ne sont que des *Refuges de passage*, comme l'asile temporaire de la *Maison de la mère*, 6 *bis*, rue de l'Abbé-Grégoire, qui ne reçoit et ne garde les femmes, que quand il n'y a pas de place ailleurs.

D'autres, enfin, ne reçoivent les femmes que quelques jours seulement avant leur accouchement, pour les renvoyer le plus tôt possible, après. Tel est l'*Asile ouvrier de la société philanthropique de Paris*, 177, rue Saint-Jacques[1].

Enfin, ajoutons que la *loi du 15 juillet 1893* reconnaît nettement, à toute femme sur le point d'accoucher, le droit d'exiger son hospitalisation immédiate et tous les soins que nécessite son état.

§ 5. — Œuvres d'assistance à domicile pour les femmes enceintes, en couches ou mères-nourrices.

Il existe un très grand nombre de femmes pauvres qui ne veulent absolument pas ou ne peuvent pas être recueillies dans les *Refuges-ouvroirs*, soit parce qu'elles ont d'autres enfants à surveiller et à soigner, soit parce qu'elles sont obligées d'aller travailler, malgré l'état avancé de leur grossesse, soit pour d'autres raisons.

Des œuvres spéciales se sont fondées pour leur venir en aide, aussi efficacement que possible, à leur domicile même.

Du reste, il est évident que, chaque fois que cela est possible, il vaut beaucoup mieux assister la femme ainsi, plutôt que de l'éloigner de son foyer. En outre des multiples avan-

1. *La mortalité infantile*, par le Dr A. P. Robesco. Thèse de doctorat en médecine, Paris, 1908.

tages qu'elle présente, cette façon de procéder est plus moralisatrice.

Les œuvres de cette catégorie sont très nombreuses aujour-
d'hui et très variées.

Il convient de citer tout particulièrement les *Bureaux de
bienfaisance* qui donnent, à la femme enceinte, non seulement les conseils et les soins médicaux gratuits d'une sage-
femme ou du médecin, ainsi que les médicaments et les
secours en nature variés, mais aussi, des *secours pécuniaires*
dits de *grossesse,* destinés à permettre à la femme de rester
au repos, chez elle, et, quand elle est accouchée, un *secours
d'allaitement,* dit de *mère-nourrice,* pour lui permettre de
se mieux nourrir et d'avoir un lait plus abondant et plus
riche.

A côté des bureaux de Bienfaisance, *œuvres essentiellement
officielles,* ont été fondées des œuvres privées sous le nom de
mutualités maternelles. Elles poursuivent le même but, sous
des formes encore plus bienfaisantes, et, surtout, mieux faites
pour ménager l'amour-propre et les susceptibilités des femmes ou des familles qui en bénéficient.

La première de ces *mutualités* semble avoir été créée en
1866, par M. *J. Dollfus,* à Mulhouse [1].

Une des plus remarquables est celle qui a été fondée à
Paris, par MM. *Félix Poussineau* et *Brylinsky,* en février
1891, avec le concours des trois chambres syndicales de la
couture, de la broderie et de la passementerie de la capitale,
et cela, à la suite d'une conférence faite par *J. Simon* [2].

Depuis, des centaines de *mutualités maternelles* semblables
à la précédente ont été créées en France.

Toutes ont pour but de secourir, *à domicile,* de toutes façons, la femme, au cours de sa grossesse, pendant et après
ses couches, ainsi que le nouveau-né, pendant le cours de sa
première enfance, au moins.

---

1. *Les mutualités maternelles. Leur action sur la mortalité infantile.* Th. de doctorat par le Dr J. Trouette, Paris. 1906.

2. Discours de M. Ruau, ministre de l'Agriculture, à la 14e assemblée de la
mutualité maternelle, le 8 avril 1905.

Elles s'attachent tout particulièrement à diriger la mère ignorante dans l'élevage rationnel de son bébé.

Elles luttent à la fois, et contre sa misère. et contre son ignorance.

Ces excellentes *œuvres de puériculture intra et extra-utérines* rendent ainsi, les plus grands services, en abaissant la mortalité des enfants du premier âge, et en concourant à améliorer la race.

Un de leurs caractères les plus intéressants consiste en ce qu'elles sont, non des œuvres d'assistance par *l'aumône*, qui froisse toujours plus ou moins la dignité de celui qui la reçoit, mais des *associations de femmes*, qui, moyennant une très faible cotisation annuelle de 3 francs, assurent, à chacune de leurs membres en état de grossesse, le *droit* de recevoir tous les avantages ci-dessus indiqués. L'amour-propre de la *sociétaire* se trouve ainsi entièrement sauvegardé.

Toute femme peut en faire partie, dès qu'elle a atteint l'âge de 16 ans.

§ 6. — **Consultations simples pour nourrissons**.

Le professeur *Budin*, accoucheur à l'hôpital de la Charité de Paris, ayant acquis, par une longue pratique. la conviction qu'un très grand nombre d'enfants du premier âge devenaient plus ou moins gravement malades et mouraient au cours de leur première année, parce qu'ils étaient mal allaités et mal soignés. par des mères ignorantes. indifférentes ou imbues de préjugés stupides ou dangereux. fonda. en 1892. dans ce même hôpital. avec l'autorisation de l'Administration de l'assistance publique. une *Consultation pour nourrissons*.

Ce fut là. la première création du genre. la *première école d'allaitement* [1].

Une fois par semaine. le bébé devait être apporté à la consultation par sa mère.

1. Dr A. P. Robesco. *loc. cit.*
Le Nourrisson, par P. Budin, Paris. 1900, dernière édition.

Il était examiné avec soin dans toutes ses fonctions, mais principalement dans sa fonction digestive, puis pesé.

La mère, après avoir, été examinée à son tour recevait tous les conseils nécessaires pour bien diriger son hygiène personnelle, de même que celle de son enfant, pour bien diriger surtout leur hygiène alimentaire.

L'*allaitement au sein* était particulièrement conseillé et réglé, et, en cas d'impossibilité ou d'insuffisance, l'allaitement artificiel, complet ou mixte, était institué et surveillé.

Le professeur *Budin* fonda ainsi la *première école de puériculture physique infantile* destinée à faire l'éducation de la mère, pour le plus grand profit de l'enfant.

Les résultats obtenus furent rapides et des plus remarquables. Ils eurent un grand retentissement et leur initiateur de nombreux imitateurs qui contribuèrent à répandre les principes et la technique de la *puériculture du premier âge.*

La consultation de nourrissons est assurément un des meilleurs enseignements dressés contre la mortalité infantile. Elle est une véritable *école des mères.*

§ 7. — Consultations de nourrissons
complétées par les œuvres dites
la « Goutte de lait ».

L'*allaitement au sein de la mère*, qui doit toujours être conseillé, de préférence à tout autre, parce qu'il est le meilleur, est trop souvent insuffisant ou tout à fait impossible. Il devient, alors, indispensable de le remplacer ou de le compléter par l'*allaitement artificiel.*

Mais, pour que ce dernier donne tous les bons résultats qu'on en attend, il faut, avant tout, avoir du *très bon lait,* ensuite, que la mère puisse se le procurer, et enfin, qu'elle sache l'administrer méthodiquement à son enfant.

Or, ce sont là des conditions assez difficiles et souvent même impossibles à réaliser, surtout à Paris et dans les grandes villes, où le lait est presque toujours falsifié ou altéré, où le vrai bon lait est si cher, que les mères pauvres ne peuvent pas en faire l'achat.

Du reste, l'emploi de ce *bon lait* exige encore des précautions multiples que les mères ou les nourrices mercenaires ignorent plus ou moins complètement.

De là, des troubles gastro-intestinaux graves qui tuent, tous les ans, en France seulement, une centaine de milliers d'enfants âgés de moins d'un an.

C'est pour combattre ces divers inconvénients que le Dr *Dufour* créa, en 1894, sous le nom imagé et suggestif de « *Goutte de lait* », à Fécamp, où la mortalité infantile était, depuis longtemps, effroyable, une *consultation pour nourrissons*, identique à celle de *Budin*, mais où il était distribué, gratuitement ou au prix de revient, le *meilleur lait*, stérilisé sur place ou industriellement, et contrôlé par l'analyse.

Chaque distribution était accompagnée de tous les conseils nécessaires pour son emploi le plus rationnel.

La surveillance de l'allaitement s'étendait jusqu'à la dentition et au sevrage, qu'elle dépassait même souvent, pour s'appliquer à l'emploi des aliments autres que le lait.

Les résultats d'une telle institution furent rapides et merveilleux. La mortalité infantile par diarrhée, si redoutable et si fréquente, fut presque complètement supprimée.

La *technique de la puériculture physique du premier âge* était, ainsi, solidement fondée. Elle faisait concevoir les plus belles espérances, pour réduire la *morbidité* et la *mortalité* infantiles.

Aussi, s'empressa-t-on, de toutes parts, à l'étranger comme en France, de créer des œuvres semblables à celles de *Budin* et de *Dufour*.

Partout, elles furent couronnées des plus beaux succès. Partout où la nouvelle technique de puériculture fut appliquée avec tous les soins nécessaires, on vit disparaître complètement la terrible diarrhée des tout petits et le désolant cortège des troubles de l'athrepsie remplacé par tous les caractères de la santé et de la vigueur.

Parmi les très nombreuses *Gouttes de lait* qui ont été fondées à Paris, une des plus remarquables et des plus renommées est celle que le Dr *Variot* a annexée, vers 1896, au *dispensaire,* déjà très prospère, qu'il avait créé, en 1891, dans l'un des quartiers les plus populeux de Belleville, dispensaire qui comprenait une *Consultation spéciale pour nourrissons.*

Des *statistiques* très étendues qu'il a dressées, il résulte des renseignements fort intéressants concernant les variétés et les proportions d'allaitements pratiqués dans la classe ouvrière parisienne.

Le Dr *Variot* a établi, en effet, que, sur 100 enfants du premier âge, 16 seulement sont uniquement *nourris au sein,* 44 par l'*allaitement mixte* (sein et biberon) et 40 par l'*allaitement artificiel pur,* dernier procédé qui n'a engendré qu'une *mortalité de 10 %, au lieu de 50 à 60 %* qu'il peut entraîner, quand il est pratiqué sans méthode, par des mères ou des nourrices mercenaires ignorantes ou insouciantes.

§ 8. — Crèches et chambres d'allaitement dites d'usines ou de manufactures.

La crèche est une des formes les plus répandues parmi celles qui ont été créées pour assister et protéger les enfants du premier âge de la classe ouvrière.

En principe, elle est destinée à permettre à la mère d'allaiter son enfant *au sein,* de le surveiller, tout en continuant à travailler, pour gagner sa vie, en dehors de son domicile et dans son voisinage.

Si l'éloignement ou les nécessités de son travail ne lui permettent de donner le sein que plusieurs fois seulement dans la journée, ou l'en empêchent complètement, alors l'allaitement devient mixte et même tout à fait artificiel.

La crèche reçoit et garde les enfants de 6 à 7 heures du matin à 6 à 7 heures du soir. Ils y reçoivent tous les soins que nécessite leur élevage, et cela, gratuitement ou pour quelques sous seulement par jour.

La première crèche a été créée, en France, en 1844, par M. *F. Marbeau.*

Depuis, les municipalités ou l'initiative privée en ont fondé un très grand nombre, surtout dans les grandes villes, tant à l'étranger qu'en France.

Le département de la Seine en compte actuellement plus d'une centaine et la province quatre fois plus.

Parmi les *crèches* que l'on cite comme des *modèles* à étudier, il convient de signaler tout particulièrement celles fondées par Mme *Furtado Heine* à Paris, par *Brière* à Rouen, *Raymond Lerch* au Havre, la *Société des mines de Lens*, dans la ville de ce nom, *Hippolyte Noir* à Rethel (Ardennes), ainsi que celle de *Maisons-Laffitte* près Paris, qui l'une et l'autre sont dirigées par des religieuses.

Dans un certain nombre de ces crèches, un médecin vient, au moins une fois par semaine, examiner les enfants, les peser et donner les conseils nécessaires aux mères.

A. — PREMIÈRES INITIATIVES DE L'ÉTAT ET DES GRANDS MANUFACTURIERS.

Il en est ainsi pour les crèches que l'État a organisées dans quelques-unes seulement de ses nombreuses manufactures.

Un certain nombre de *grands industriels* l'ont imité, quand ils ne l'ont pas devancé. Ils ont créé, dans leurs usines ou leurs manufactures, selon l'importance du personnel féminin, de *véritables crèches* ou de simples *chambres d'allaitement.*

Tels sont MM. *Thiriez* à Lille, *Laroche-Joubert* à Angoulême, *Blin* à Elbeuf, *Gévelot* aux Moulineaux, sur la commune d'Issy, près Paris, le directeur de l'*Assistance publique* de Paris qui a organisé, dans deux de ses plus importants hôpitaux, Saint-Antoine et l'hospice d'Ivry, deux *crèches spécialement réservées à leurs infirmières.*

B. — APERÇU SUR L'ORGANISATION ET LE PRIX D'UNE BONNE CRÈCHE DE MANUFACTURE.

Parmi les *crèches d'usine* ou de *manufactures,* il convient de citer tout particulièrement celle qui a été fondée, en novembre 1903, dès le début des initiatives, par M. *Julien Hayem*, dans sa propre manufacture, 45, boulevard Voltaire, à Paris, avec le concours du Dr *E. Paquy*, qui en est le médecin[1].

L'installation se compose d'une grande pièce parfaitement aérée et ensoleillée, chauffée à la vapeur et éclairée à l'électricité.

Les lits en fer, peints en blanc, sont garnis de couvertures roses. Chaque lit est accompagné d'une petite corbeille d'osier garnie d'un matelas recouvert d'une enveloppe blanche.

Les bains sont chauffés à la vapeur.

Une armoire spéciale contient autant de trousseaux qu'il y a de lits.

Tout est blanc et rose, gai et riant, dans cette crèche.

Son fonctionnement est ainsi réglé :

En arrivant à la manufacture, la mère remet son enfant à l'*infirmière* qui le déshabille, le baigne, le savonne, l'emmaillotte avec le trousseau de la crèche, et le place dans le lit qui lui est destiné.

Ses vêtements sont pliés dans une boîte spéciale, qui est placée dans une salle spéciale, avec les boîtes contenant les vêtements des autres bébés.

La mère vient allaiter son enfant toutes les trois heures.

L'*infirmière-garde* ne quitte jamais la salle. Elle donne tous les soins exigés par l'état des bébés, les pèse tous les huit jours et consigne le poids, avec tous les renseignements concernant la santé de l'enfant, sur un registre spécial qui est examiné par le médecin, à chacune de ses visites.

L'organisation de cette crèche revient à 2.120 fr. 75 pour huit lits, et son entretien, y compris le traitement de l'infirmière, à 144 fr. 50 par mois.

La salle peut contenir douze lits. Chaque lit revient à 41 fr. 50.

En définitive, il est démontré, par cet exemple, que l'on peut organiser, dans les manufactures de Paris, une petite

---

1. *La vie illustrée*, n° du 3 juin 1904.

crèche de 12 lits pour la somme de 2.300 francs environ, tout compris.

Mais, il va sans dire que cette crèche est déjà *luxueusement organisée* et que son prix peut être sensiblement réduit.

Dans beaucoup de cas, une simple chambre blanchie à la chaux, bien ensoleillée et bien aérée, peut suffire.

Son prix de revient est alors relativement minime.

Cette création fait, certes, le plus grand honneur à M. *Julien Hayem.* Mais, ce qui l'honore encore plus, c'est l'idée qui l'a inspiré. C'est que, comme M. le professeur *Pinard,* et beaucoup d'autres avec lui, M. *J. Hayem* estime, avec raison, que le patron qui emploie une mère, non seulement n'a pas le droit de l'empêcher d'allaiter son enfant, mais qu'il doit, de plus, s'efforcer de lui faciliter l'accomplissement de sa fonction naturelle.

C'est là, assurément, un bel exemple, à tous points de vue, et nous devons souhaiter qu'il soit largement suivi dans tous les centres de travaux féminins.

Certes, il vaudrait encore mieux que la mère qui allaite son enfant puisse, *avec toute la compétence nécessaire,* se consacrer entièrement *à son élevage,* et se bien reposer après s'être bien nourrie, au lieu de faire des travaux plus ou moins pénibles qui rendent son lait moins nourrissant et moins abondant. Il vaudrait beaucoup mieux qu'elle puisse se consacrer, avec non moins d'intelligence et de compétence, *à la bonne tenue de son ménage et à sa famille.*

Il est bien évident, en effet, que le transport à l'usine du jeune enfant, par tous les temps et tous les jours, présente de graves inconvénients qu'on ne peut méconnaître.

Mais, quand cela lui est absolument impossible et que la mère doit continuer à travailler au dehors, malgré tout, et c'est là, malheureusement, dans l'état actuel des conditions morales, économiques et sociales, de notre époque, une très déplorable nécessité, pour la plupart des mères de la classe ouvrière, alors une organisation comme celle créée par M. *J. Hayem* est encore un des meilleurs palliatifs capables d'atténuer le mal dont souffre notre société.

Un certain nombre d'autres industriels ou commerçants qui ne peuvent pas avoir de *crèches* ou *de chambres d'allaitement,* soit parce que leur personnel féminin est trop peu nombreux, soit pour toute autre raison, mais qui comprennent bien leurs *devoirs* à l'égard de la mère qu'ils emploient, ainsi qu'à l'égard de son enfant, lui accordent, plusieurs fois par jour, le temps nécessaire pour lui permettre d'aller l'allaiter chez elle ou ailleurs, dans le voisinage de son travail.

Certains même font surveiller l'élevage et les progrès de l'enfant par un médecin qui donne des conseils à sa mère[1].

C. — INSUFFISANCE DU NOMBRE DES CRÈCHES ET CHAMBRES D'ALLAITEMENT DES MANUFACTURES DE L'ÉTAT.

L'État qui, en toutes circonstances, devrait donner le bon exemple, sinon le meilleur exemple, ne s'est point encore suffisamment intéressé à l'organisation des crèches ou des chambres d'allaitement dans ses propres usines ou manufactures.

En effet, il n'a encore été organisé que *treize chambres d'allaitement,* parmi lesquelles se trouvent *plusieurs crèches* seulement, pour les 15.955 femmes qui sont réparties dans ses :

```
20 manufactures de tabacs.
 5       —       d'allumettes.
 1       —       de poudres.
 1       —       de cartouches.
 1 arsenal de la guerre.
 1    —    de la marine.
 1 magasin d'habillement.
```

Les femmes qui sont employées dans les manufactures ou autres centres de travaux où il n'y a, encore, ni crèche, ni salle d'allaitement, sont obligées de déposer leurs enfants dans une crèche plus ou moins éloignée du lieu où elles travaillent, quand il y en a, ou de se les faire apporter, plusieurs fois par jour, dans le voisinage, où elles vont leur donner le sein.

1. Voir : Dr Schwab, *Presse médicale* du 15 novembre 1905. Dr Bué *Les crèches industrielles.*

Il y a donc, de ce côté, de la part de l'État, une grande lacune à combler et un bel et fécond exemple à donner à tous ceux qui emploient un grand nombre de femmes.

Étant donné les bonnes dispositions que nous lui connaissons et qu'il nourrit en faveur de la repopulation, il est permis d'espérer que le nécessaire sera fait, avant bien longtemps, dans *tous* les *établissements nationaux* qui font travailler un nombre suffisant de femmes.

D. — DÉNOMBREMENT DES CRÈCHES OU CHAMBRES D'ALLAITEMENT CRÉÉES DANS LES USINES ET MANUFACTURES DE FRANCE.

Quant aux millions de femmes qui sont employées dans les *établissements privés,* qui couvrent, pour ainsi dire, la France entière, la situation est encore bien pire.

En effet, d'après un récent travail du Dr *R. Felhoen*[1], médecin du service des enfants de l'hôpital de Beauvais, il n'y aurait encore, actuellement, que *cinquante crèches* ou *salles d'allaitement* dites, l'une et l'autre, *d'usine* ou de *manufacture,* pour toute la France.

Depuis la publication de son travail, ce nombre se serait accru de *quatre* nouvelles créations, d'après le même auteur.

Ce total de 54 *crèches* ou *salles d'allaitement d'usine,* où l'ouvrière peut aller donner le sein à son bébé, au cours de son travail, doit être considéré comme presque nul, nous en avons les *preuves* dans le chapitre suivant, si l'on se rend compte de l'effort qui reste à faire, en France, pour mettre les choses au point.

---

1. *De l'élevage du nourrisson dont la mère travaille à l'usine.* Rapport présenté au Congrès national de la protection du premier âge, à Bordeaux, en mai 1913.

CHAPITRE II

LES DIVERSES RÉPARTITIONS
DE LA POPULATION FÉMININE ACTIVE

§ 1. — Aperçus statistiques.

Si, ainsi que je l'ai fait, on analyse ou synthétise les résultats choisis contenus dans la plus récente *Statistique générale de la France* publiée par le *Ministère du Travail*[1], que voyons-nous?

Nous constatons que, sur une *population active*[2] de 20.720.870 personnes des deux sexes, il y avait, au recensement du 4 mars 1906, 7.693.412 femmes, soit 39 % de la *population féminine totale présente* et 1.888.902 de plus qu'en 1901, qui travaillaient dans presque toutes les branches de l'activité nationale.

A. — RÉPARTITION GÉNÉRALE
SUIVANT LES GRANDES CATÉGORIES PROFESSIONNELLES.

Cette masse énorme de femmes se divise, suivant les grandes catégories professionnelles, entre les 9 grandes sections

---

1. *Résultats statistiques du recensement général de la population effectué le 4 mars 1906,* t. I, 2ᵉ partie : Population présente totale. Population active et établissements. Imprimerie nationale, Paris, 1910.

2. Population composée de personnes des deux sexes, exerçant une profession comme *chef, employé* ou *ouvrier.*

de l'économie sociale, dans les proportions indiquées ci-après,
d'après l'importance du nombre des femmes :

```
A. Agriculture  et Forêts.....................   3.324.661
B. Industries de transformation..............   2.254.309
C. Domestiques et Soins personnels..........     780.919
D. Commerce et Banque, Spectacles..........     770.980
E. Manutention et  transports...............     241.108
F. Professions  libérales ....................     192.764
G. Services publics ..........................     117.700
H. Industries  extractives....................       5.621
I. Pêches maritime et fluviale...............       5.350
                                                ───────────
                    Total...............     7.693.412
```

Elles sont toutes réparties dans les 3.720.565 *établisse-*
ments[1] de toutes catégories, dont 1.407.047 n'emploient
aucun *salarié.*

Sur les 7.693.412 femmes de la *population active,* 2.782.724
figurent comme *chefs d'établissements* et doivent être séparées de la population féminine salariée.

Le reste, 4.910.688, se répartissait ainsi, le 4 mars 1906 :

A. 2.533.006 travaillaient, comme *ouvrières,* dans des *établissements.*
B. 1.955.637   —   isolément.
C.   356.136 étaient *employées* dans des établissements.
D.   65.909 *employées* ou *ouvrières,* étaient sans travail.

B. — RÉPARTITION DES SALARIÉES.

Les 2.889.142 femmes *salariées, ouvrières* ou *employées,*
étaient partagées dans les proportions exposées ci-après,
suivant leur importance numérique :

A. Industrie (Sections 3-4-5 et groupe 9 B des statistiques)...   1.010.693
B. Services domestiques (Section 8)........................   758.933
C. Agriculture, Forêts, Pêche (Sections 1 et 2)..............   689.932
D. Professions libérales (Section 7 et groupe 9 A)...........   215.327
E. Commerce (Section 6 et groupe 8 A)....................   214.457

---

1. « On doit entendre, par *établissement,* dit le document *officiel,* la réunion
de plusieurs personnes travaillant habituellement en commun, en un lieu dé-
terminé, sous la direction d'un ou de plusieurs représentants d'une même
raison sociale, qui constituent le ou les *chefs d'établissement.* »

Dans l'*ensemble* des industries et professions, les femmes entrent pour *plus d'un tiers* de la population active.

Cette proportion n'a pas cessé de croître, comme le prouve la comparaison des statistiques de 1896-1901 et 1906, ci-dessous.

Nombre de femmes
pour 1000 personnes actives des deux sexes.

	1906	1901	1896
Pêche (Section 1)	68	65	73
Agriculture et Forêts (Section 2)	379	325	327
Industrie (Section 3-4-5 et groupe 9 B)	348	337	324
Commerce (Section 6 et groupe 8 A)	377	371	349
Professions libérales (Non compris l'armée) (Section 7 et groupe 9 A)	283	288	236
Services domestiques (groupe 8 B)	816	820	810
Moyennes	378.5	367.66	353.17

Il ressort de là, que les 4/5 du *service domestique* sont représentés par des femmes.

Mais les proportions des femmes par rapport aux hommes varient beaucoup, cela va de soi, suivant les industries et les professions considérées.

C. — PROPORTION DES FEMMES POUR 1 HOMME, SUIVANT LES PROFESSIONS.

Sans parler des catégories de *sages-femmes,* de *nourrices* et de *femmes de ménage,* qui ne comptent naturellement aucun homme, les statistiques démontrent que 207 industries ou professions emploient plus de femmes que d'hommes et que 13 en contiennent autant.

La preuve de ce fait se trouve dans le tableau ci-après :

NOMBRE d'industries ou professions.	NOMBRE de femmes employées pour un homme.		
7	100	à	3.892
5	40	à	60
8	20	à	40
15	10	à	20
28	5	à	10
144	1,1	à	5
13	1		
220			

D. — CLASSEMENT DES ÉTABLISSEMENTS, SUIVANT L'IMPORTANCE DES GROUPEMENTS MIXTES DE SALARIÉS.

Il serait fort intéressant de classer, par industrie et profession, tous les établissements d'*après le nombre de femmes salariées* qu'ils emploient.

Ce travail ne semble pas avoir été fait dans les statistiques. Cette classification n'est faite que d'après le nombre d'hommes et de femmes *réunis en un seul groupe* et on peut la synthétiser dans le tableau suivant.

NOMBRE des établissements.	NOMBRE de personnes des deux sexes employées dans chaque établissement.	TOTALISATION des deux sexes employés.
1.218.257	1	1.218.257
525.408	2	1.050.816
231.820	3	695.460
118.269	4	473.076
61.639	5	308.195
35.479	6	212.874
20.167	7	141.169
15.527	8	124.216
9.426	9	84.834
9.979	10	99.790
33.788	11 à 20	498.832
18.587	21 à 50	593.444
5.708	51 à 100	405.133
2.918	101 à 200	412.348
1.598	201 à 500	489.054
428	501 à 1.000	297.043
152	1.001 à 2.000	204.594
59	2.001 à 5.000	170.306
17	plus de 5.000	140.477

4.292 établissements non déclarés.

7.619.918

2.313.518   Dont : 2.889.142 femmes.

4.730.776 hommes.

E. — RÉPARTITION DES GROUPEMENTS MIXTES DE SALARIÉS SUIVANT LES GRANDES CATÉGORIES PROFESSIONNELLES.

Reprenons les 2.889.142 *femmes salariées* déjà réparties, en bloc, dans les 5 grandes catégories exposées page 190, et demandons-nous comment elles s'y distribuent.

Si, nous reportant à la *Statistique générale officielle,* nous éliminons les 758.933 femmes des *services domestiques,* dont la répartition ne semble pas avoir été suffisamment approfondie, nous verrons que les 2.130.209 qui restent sont disséminées entre les 2.294.723 établissements, ainsi que le montre le tableau ci-dessous.

Dénombrement des établissements
par groupes de salariés des deux sexes.

CATÉGORIES PROFESSIONNELLES	FEMMES salariées de chaque catégorie.	GROUPEMENTS DES SALARIÉS DES DEUX SEXES RÉUNIS.							TOTAUX des établissements par catégorie.
		1 à 5	6 à 10	11 à 20	21 à 100	101 à 200	201 à 500	Plus de 500	
Agriculture, forêts, pêche, (sections 1 et 2).	689.632	1.289.700	37.173	6.669	2.044	37	5	»	1.335.628
Industrie (section 3-4-5 et gr. 9 B).	1.010.693	550.604	37.159	19.933	17.865	2.555	1.467	627	630.310
Commerce (section 6 et gr. 8 A).	214.457	257.151	12.137	5.309	2.696	175	72	26	277.466
Professions libérales et services publics (section 7 et gr. 9 A).	215.327	44.390	3.426	1.690	1.609	148	53	3	51.319
	2.130.209	2.141.845	89.895	33.601	24.214	2.915	1.597	656	2.294.723

Totaux des établissements classés par groupements de salariés des deux sexes réunis.

§ 2. — Dénombrement et importance des groupes de salariées travaillant en établissement.

Le tableau ci-dessus est assurément fort instructif. Mais pouvons-nous nous en contenter? Non, sans aucun doute.

Il nous manque, pour l'étude que nous poursuivons, le *nombre des femmes salariées* qui se trouvent, dans chaque *groupement mixte,* combiné à celui des hommes.

Est-il possible d'opérer la séparation de ces deux nombres et d'obtenir, ainsi, la connaissance de celui qui nous intéresse le plus?

Cette séparation semble possible, au moyen d'un petit calcul portant sur les proportions des deux nombres connus de femmes et d'hommes salariés qui se trouvent dans chaque grande catégorie professionnelle.

A. — CALCUL DES NOMBRES DE FEMMES CONTENUES DANS LES GROUPES MIXTES DE SALARIÉS.

En effet, si, après avoir fait la somme de ces deux nombres, nous divisons cette somme *par le nombre de femmes,* nous obtiendrons un *coefficient* qui établira la *proportion* des deux sexes salariés dans la même catégorie.

En multipliant, ensuite, ce *coefficient proportionnel* par chacun des *groupements mixtes* servant de base au dénombrement et à la classification des établissements, nous dégagerons les *quantités proportionnelles* de femmes et d'hommes qui composent chaque groupement mixte.

Sans doute, ce procédé n'est point parfait. Il aurait été bien préférable d'établir cette proportionnalité *directement,* en comptant les femmes et les hommes qui sont salariés par le même établissement.

Cependant, tout imparfaits qu'ils sont, les résultats obtenus *indirectement,* par un calcul de proportionnalité, nous donneront des renseignements intéressants, dont nous pourrons nous contenter, en attendant mieux.

C'est en procédant ainsi que le tableau ci-dessous a été établi.

*Tableau de la proportion de femmes salariées
contenue dans chaque groupement mixte de chaque grande catégorie professionnelle*[1].

GRANDES CATÉGORIES PROFESSIONNELLES.	SALARIÉS HOMMES.	SALARIÉES FEMMES.	COEFFICIENT DE proportion.	GROUPEMENTS DES SALARIÉS DES DEUX SEXES.							
				1 à 5	6 à 10	11 à 20	21 à 100	101 à 200	201 à 500	PLUS DE 500	
Agriculture, Forêts, Pêche (sections 1 et 2).	1.201.665	689.932	2,74	1.289.700 de **0,36 à 1,80**	37.173 de **2 à 4**	6.669 de **4 à 7**	2.044 de **8 à 36**	37 de **36 à 52**	5 de **72 à 180**		1.335.628 établ. Gr. de femmes.
Industrie (sections 3-4 et 5 et gr. 9 B).	3.153.528	1.010.693	4,12	550.604 de **0,24 à 1**	37.159 de **1 à 3**	19.933 de **3 à 5**	17.865 de **5 à 24**	2.555 de **24 à 49**	1.467 de **49 à 121**	627 plus de **121**	630.310 établ. Gr. de femmes.
Commerce (section 6 et gr. 8 A).	646.056	214.457	4,01	257.151 de **0,25 à 1**	12.137 de **1,5 à 2,5**	5.309 de **3 à 5**	2.696 de **5 à 25**	175 de **25 à 50**	72 de **50 à 125**	26 de plus de **125**	277.466 établ. Gr. de femmes.
Professions libérales et services publics (section 7 et gr. 9 A).	1.164.365	215.327	6,4	215.327 de **0,16 à 0,78**	3.426 de **1 à 1,50**	1.690 de **2 à 3**	1.699 de **3 à 16**	148 de **16 à 31**	53 de **31 à 78**	3 plus de **78**	51.319 établ. Gr. de femmes.
Travail des étoffes (gr. 4 G).	78.677	365.151	1,21	128.622 de **0,82 à 4**	6.738 de **5 à 8**	2.858 de **9 à 16**	2.154 de **17 à 82**	197 de **83 à 164**	65 de **165 à 411**	13 de plus de **411**	406.647 établ. Gr. de femmes.

1. Presque tous les nombres ont été *arrondis* quand il n'y a eu à supprimer ou à ajouter que de faibles décimales.

B. — PROPORTION DES FEMMES ACTIVES
DANS LES GRANDES CATÉGORIES PROFESSIONNELLES.

Il résulte de l'étude ci-dessous que les *femmes salariées* entrent, en moyenne, dans chacun des *groupements mixtes*, comme dans chaque grande catégorie professionnelle, dans des proportions qui sont à peu près de :

Plus d'un tiers, pour l'*agriculture,* les *forêts* et la *pêche;*

D'un quart, pour l'*industrie* et le *commerce;*

Un cinquième à un sixième, pour les *professions libérales;*

Des quatre cinquièmes, dans le groupe du *travail des étoffes,* qui est celui qui, d'une façon générale, emploie le plus de femmes, et qui, pour cette raison, a été extrait de la grande catégorie de l'industrie à laquelle il appartient.

Mais il ne faut pas perdre de vue que ce ne sont là que des résultats approximatifs.

En réalité, il y a beaucoup plus de femmes qui travaillent dans chacune de ces quatre grandes catégories professionnelles. Pour avoir leur proportion exactement il faudrait, sans compter les 2.782.724 femmes qu'on y trouve comme *chefs,* y faire figurer encore 1.955.637 *salariées* portées, dans les statistiques, comme *isolées* et 65.909 *chômeuses,* soit en tout, 2.021.546 femmes.

Il n'a été tenu compte, dans le tableau ci-dessus, que des *salariées* qui, le 4 mars 1906, travaillaient dans un *groupement* de salariés.

C. — DÉNOMBREMENT DES ÉTABLISSEMENTS ET DES GROUPES
DE SALARIÉES, SUIVANT LEUR IMPORTANCE NUMÉRIQUE.

Notre étude nous a révélé, ainsi, qu'à cette date du 6 mars 1906, les *groupements de femmes salariées* pouvaient être dénombrés dans les proportions ci-après exposées, dans l'ordre décroissant de la valeur des groupements :

1.597 ayant de.........	31 à 180 femmes salariées.	
656 —	78 à 125	—
2.915 —	16 à 52	—
57.815 —	2 à 52	—
89.895 —	1 à 4	—

Mais, si nous ne considérons que le groupe si important du
travail des étoffes, nous trouvons alors des groupements beaucoup plus nombreux.

§ 3. — Immense insuffisance des 54 crèches
actuelles d'usine, etc.

Sans doute il y a des distinctions à faire entre tous les groupements de femmes salariées, mais, quoi qu'il en soit, en y
réfléchissant, nous pouvons mieux apprécier combien est
étendue l'insuffisance des *54 crèches* ou *salles d'allaitement*
dont la statistique du Dr *R. Felhoen* a établi l'existence pour
toute la France.

Nous pouvons nous faire une idée plus claire de la grandeur
du mal qui résulte de cette insuffisance pour les enfants du
premier âge, leurs mères, leurs familles et la société entière.

Depuis bien des années, les médecins ont fait ressortir le
mal et indiqué les remèdes.

Ne pouvant malheureusement pas obtenir que la mère se
consacre entièrement à l'élevage de ses enfants et à la bonne
tenue de son ménage, ce qui serait assurément les meilleurs
remèdes, ils n'ont cessé de demander qu'elle puisse au moins
allaiter son bébé au cours de son travail, et, de préférence,
dans une *crèche* ou une *salle d'allaitement* convenablement
appropriée et organisée.

§ 4. — Nécessité de faire une loi
ordonnant la création de chambres d'allaitement
dans les établissements.

Les pouvoirs législatifs ont entendu les doléances et les conseils du corps médical, et, cette année même, avant de se
séparer, en août 1913, ils ont introduit quelques améliorations
dans la législation qui protège la première enfance.

Sur la proposition de M. *Fernand Engerand* et le rapport

de **M.** *Henri Schmidt,* la Chambre a voté et ajouté, au livre II du *code du travail et de la prévoyance sociale,* l'article ci-après formulé :

« **Art. 54 *b*.** — *Dans les mêmes établissements*[1], *pendant une année à compter du jour de la naissance, les mères disposent d'une heure par jour durant les heures de travail, pour allaiter leur enfant.*

« *Cette heure peut être divisée en deux périodes de trente minutes, qui peuvent être prises par les mères aux heures fixées d'accord entre elles et les employeurs.*

« *Il est interdit de décompter, en aucune façon, du montant du salaire journalier, l'heure destinée à l'allaitement.* »

Certes, en ajoutant cet article à celui qui est relatif au *repos des femmes en couches,* la Chambre a adopté une mesure qui est de nature à faciliter l'allaitement maternel, mais que de difficultés surgiront dans son application !

Pour en faire profiter son enfant, la mère devra, ou se rendre auprès de lui, ou se le faire apporter dans le lieu où elle travaillera.

La chose sera facile, si l'enfant habite près de ce lieu. Mais, si son domicile est éloigné, aura-t-elle toujours le temps suffisant pour donner la tétée, aller et revenir ? Évidemment cela lui sera impossible dans un grand nombre de cas.

Et, si elle se fait apporter son enfant, que de dangers, pour lui, pendant les mauvais temps de l'hiver. Et, si elle doit payer une femme pour le lui apporter, pourra-t-elle subir la dépense ?

Quant aux ouvrières travaillant aux pièces, la commission législative s'est déclarée impuissante à leur éviter une diminution de salaire résultant de l'heure employée à l'allaitement de leur enfant. Elles subiront la perte, si elles veulent bénéficier de la loi.

En somme, il est facile de prévoir que, pour l'une ou l'autre

----

1. Les établissements industriels et commerciaux énumérés dans les articles 1 des lois du 2 novembre 1892 sur le travail des enfants, et du 29 décembre 1900, fixant les conditions du travail des femmes employées dans les *magasins, boutiques* et autres locaux en dépendant.

raison, dans beaucoup de cas, la mère devra renoncer à la possibilité, que la loi lui accorde, d'allaiter son enfant deux fois par jour.

Combien il eût été préférable que, suivant l'exemple donné par la Chambre italienne, dans ses lois des 19 mai 1902 (art. 10), 16 juin et 10 novembre 1907, notre Chambre française ordonne aussi que *toute fabrique occupant au moins 50 femmes devra toujours posséder une pièce indépendante réservée aux nourrissons.*

Le mot *fabrique* est même encore trop restreint, malgré l'étendue et la variété de son application, et il serait nécessaire de le faire suivre de l'expression, *ou tout autre centre de travail féminin.*

Tout récemment encore, le professeur Dr *Pinard* demandait, devant l'Académie de Médecine de Paris, qu'une *loi* ordonne *que toute nourrice puisse se placer dans une famille, comme nourrice au sein, même dans le troisième mois qui suit sa délivrance, à la condition qu'elle y emmène son propre enfant et qu'elle l'y nourrisse de son sein, concurremment avec son nourrisson.*

Cette proposition, si elle était adoptée par les pouvoirs législatifs, et, surtout, si elle était adoptée et fidèlement appliquée par les familles, aurait, assurément, les plus heureuses conséquences pour les pauvres bébés, auxquels on arrache injustement, on est tenté de dire criminellement, leur mère.

Que de petits enfants, qui, *voués à la mort, par l'éloignement de leur mère,* seraient conservés à la France, qui en a tant besoin !

Que d'autres. qui, *voués aux maladies,* sinon à la mort, par l'*insuffisance des soins qui leur sont dus,* et qu'une *bonne mère,* seule, peut donner, autant que par la *privation de l'allaitement maternel,* prospéreraient en bonne santé, tout en devenant plus forts, plus vigoureux, et plus résistants aux causes de maladie !

CHAPITRE III

INSTITUTS DE PUÉRICULTURE INFANTILE

Tous les efforts faits, jusqu'ici, pour fixer les meilleures méthodes d'élevage des *enfants du 1er âge,* ont trouvé, dans notre pays, leur plus haute expression dans la récente création de centres d'élevage, sous le nom d'*Instituts de puériculture.*

§ 1. — Institut de puériculture infantile de Paris et du département de la Seine.

L'honneur attaché à cette belle création revient au Conseil municipal de Paris et au Conseil général de la Seine, dont M. *Henri Galli,* le président actuel (1913) de notre assemblée municipale, a toujours été un des plus ardents partisans, non moins qu'à son premier inspirateur, le Dr *G. Variot,* médecin en chef de l'Hospice des Enfants assistés de Paris, un des plus éminents apôtres de la *puériculture infantile scientifique,* le fondateur avec le professeur *Budin* et le Dr *Dufour,* de Fécamp, des *consultations de nourrissons* et de l'œuvre célèbre dite *La Goutte de lait,* dont le succès grandissant ne cesse de se propager dans toutes les nations civilisées.

C'est sous la forme d'une remarquable conférence que le Dr *Variot* fit connaître, le 17 juillet 1908, son projet de création qui, bientôt après, devait être favorablement accueilli par les deux assemblées municipale et départementale[1].

---

1. *Projet d'un institut de puériculture à l'Hospice des Enfants assistés,* par le Dr G. Variot. *Clinique infantile* du 1er mars 1908.

Après trois ans et demi d'études, l'inauguration de cet *Institut* eut enfin lieu, à l'Hospice des Enfants assistés, le 8 juin 1911, sous la présidence de M. *H. Galli,* président du Conseil général de la Seine, en présence d'un grand nombre de notabilités du monde politique et médical.

Cet *Institut de puériculture* doit être, à la fois, un *centre d'études et de recherches scientifiques,* pour les étudiants et les médecins, et une *école de vulgarisation populaire de l'hygiène infantile.*

1° RESSOURCES MATÉRIELLES DE L'INSTITUT.

Cette heureuse création comporte déjà ou comprendra prochainement les ressources énumérées ci-après :

A. — Une *grande crèche* pour l'observation clinique et l'étude de l'allaitement au sein, crèche qui reçoit, chaque année, un grand nombre de nourrissons et où sont examinées plus de 1.800 nourrices ;

B. — Une *crèche spéciale* pour les *enfants malades* non transportables qui y sont hospitalisés, seuls ou avec leurs mères, et où l'on peut étudier l'origine alimentaire des troubles gastro-entériques et leurs conséquences, tels que l'atrophie, l'hypertrophie, le rachitisme, etc. ;

C. — Une série de *conférences didactiques* portant sur l'hygiène et la clinique infantiles basées plus spécialement sur les observations faites dans les deux crèches ;

D. — Une *consultation de nourrissons* externes complétée par la délivrance aux mères, quand c'est nécessaire, de laits préparés et appropriés à l'état de chaque enfant ;

Ce service doit être assuré par un ou plusieurs médecins assistants ;

E. — Des *surveillantes instruites* connaissant à fond toutes les règles de l'allaitement naturel, ainsi que tous les perfectionnements apportés aux méthodes d'allaitement artificiel, surveillantes qui seront secondées par des infirmières bien dressées et dévouées ;

F. — Un *laboratoire spécial d'anatomie pathologique et de bactériologie;*

G. — Un *laboratoire spécial de radiologie;*

H. — Un *laboratoire spécial* contenant tous les appareils les plus perfectionnés, pour la *préparation des laits* stérilisés, modifiés, surchauffés, homogénéisés, capables de répondre aux capacités digestives de chaque nourrisson;

I. — Une *vacherie modèle,* véritable *lactarium,* où seront recueillis aseptiquement les laits crus;

J. — Un *laboratoire spécial de chimie organique* où sera étudiée méthodiquement la *valeur nutritive* de chaque variété de lait naturel ou préparé;

K. — A la tête de chaque laboratoire se trouve ou sera placé un spécialiste expérimenté.

2° ENSEIGNEMENT DE VULGARISATION DE L'INSTITUT.

Quant à l'*enseignement de vulgarisation de la puériculture,* il est fait à *deux degrés* qui ont, chacun, une destination assez différente pour être séparés.

Le *premier degré* est surtout *pratique.* Il est fait pour les femmes du peuple qui amènent leurs enfants à la consultation de nourrissons.

Les enfants y sont périodiquement examinés, pesés, mesurés. Une observation sommaire est écrite.

Les conseils individuels nécessaires sont donnés à la mère, ainsi que le lait qui convient le mieux à son enfant, quand son sein ne peut suffire à sa nourriture.

De plus, l'élevage est surveillé, contrôlé, jusque dans son domicile, par des *Dames visiteuses,* qui complètent ainsi, au besoin, sur place, les conseils médicaux, forcément trop sommaires, donnés à la consultation des nourrissons.

Le *deuxième degré* est destiné aux jeunes filles déjà plus ou moins instruites, âgées de plus de treize ans (élèves des lycées, des écoles supérieures, des écoles professionnelles, etc.), ainsi qu'aux institutrices ou élèves-institutrices, aux mères intelligentes désireuses d'accomplir leur fonction maternelle, aussi bien que possible, aux infirmières de l'Assistance publique ou privée, etc., etc.

Cet enseignement comprend un *cours théorique et didactique de puériculture,* qui est complété par l'*enseignement sommaire et pratique,* mais fort instructif néanmoins, de la consultation de nourrissons, ainsi que par des *exercices pratiques* et méthodiques, faits à la grande crèche Pasteur, à la nourricerie Parrot, à la biberonnerie, etc.

Trois *règles principales* dominent toute l'organisation de cet enseignement :

A. — *Stimuler toutes les mères pour qu'elles allaitent leur enfant de leur propre sein, chaque fois que cela n'est pas absolument impossible;*

B. — *Fournir le meilleur lait approprié à la capacité digestive de chaque enfant;*

C. — *Inculquer, à chaque mère, les préceptes fondamentaux de la puériculture scientifique.*

En somme, le Dr *Variot* veut que son *Institut de puériculture* « soit toujours la synthèse la plus vivante et la plus avancée des meilleures méthodes de puériculture, science nouvelle, née en France et restée bien française, et cela, tant au point de vue technique et scientifique, qu'au point de vue pratique et même populaire ».

Souhaitons, de tout cœur, que, dans l'intérêt de la repopulation, il poursuive toujours ce bel idéal et qu'il le réalise.

§ 2. — Institut de puériculture infantile de Porchefontaine.

Sous le nom de *Pouponnière,* il a été créé, en 1891, à Porchefontaine, près Versailles, par Mmes *Charpentier* et *Eugène Manuel,* et pour le compte de la *Société maternelle parisienne* du même nom, une œuvre destinée à élever les enfants du premier âge, tout en protégeant leurs mères contre la misère et les résolutions criminelles qu'elle leur fait souvent prendre.

Cette œuvre est, semble-t-il, actuellement la plus admirable, la plus importante, la plus vaste et la plus originale de son genre.

Protégée, encouragée et soutenue, par les pouvoirs publics. les hommes d'État, parmi lesquels se distingue M. *Louis Barthou*, qui en est le Président, et aussi par les médecins spécialistes les plus éminents, etc., elle a pris un grand développement, et, sous la direction d'une femme admirable, Mme *Veil-Picard*, et d'un médecin-puériculteur fort habile et tout dévoué, M. le Dr *Raimondi*, elle s'est transformée, dans ces dernières années, en *Institut de puériculture*.

1° **RESSOURCES MATÉRIELLES DE L'INSTITUT-POUPONNIÈRE.**

Cet *institut*, actuellement très compliqué, comprend les services ci-après :

A. — Un *asile d'allaitement*, où toute fille-mère délaissée est admise, avec son enfant, qu'elle continue à nourrir au sein et au lait de vache préparé, ainsi qu'un *nourrisson pensionnaire*, pour l'élevage duquel elle reçoit, en outre de sa propre nourriture, de son entretien et de son logement, une rétribution mensuelle de 33 francs et une prime de 50 francs, qui lui est versée à la fin de l'élevage au sein des deux bébés ;

B. — Une sorte de crèche, *La Pouponnière*, qui reçoit, « moyennant une redevance proportionnée aux ressources des parents », mais qui ne dépasse pas 45 francs par mois, ou comme boursiers de divers degrés (1/2, 1/3, 1/4 de bourse ou bourse entière), les enfants des classes laborieuses, âgés d'un jour à deux ans, dont les parents ne peuvent pas faire l'élevage et ne veulent pas bénéficier de la charité.

C. — Une *vacherie modèle* dont les vaches, soumises aux épreuves de la tuberculine, sont traitées dans des salles spéciales et en observant les plus rigoureuses conditions d'aseptie ;

D. — Une *cuisine spéciale* pour la préparation des laits modifiés et les autres aliments destinés aux enfants ;

E. — Une *buanderie* où le linge des enfants est lavé dans les meilleures conditions, puis stérilisé dans des séchoirs spéciaux à une température de 40° ;

F. — Une *École ménagère*, avec logements ouvriers, cuisine, jardin, potager, etc., etc., pour la mise en pratique des *Cours d'hygiène et d'économie domestique* donnés au profit des mères hospitalisées, qui trouvent, dans cet enseignement, leur relèvement moral, des facilités pour leur reclassement, soit par le placement domestique, soit par la création d'un foyer familial ;

G. — Une *Infirmerie temporaire,* éloignée de l'établissement principal, où sont reçus et soignés, dans des salles d'isolement, jusqu'à complet rétablissement, des nourrissons débilités ou atteints d'affections du tube digestif, ainsi que tout bébé pour lequel une hospitalisation temporaire est nécessaire ;

H. — Une *Consultation de nourrissons* où sont distribués, gratuitement, du lait provenant des vaches tuberculinées de l'établissement et des layettes ;

I. — Des *leçons expérimentales de puériculture et d'économie ménagère,* organisées dans le local de la consultation de nourrissons et après cette consultation, au profit des mères qui la fréquentent ;

J. — Un *ouvroir mondain* où sont faits, chaque semaine, les layettes qui sont distribuées gratuitement aux consultations de nourrissons, ainsi que les autres objets qui sont mis en vente, au mois de novembre, au profit de l'œuvre ;

K. — Des *Nids,* dits *Nids de Porchefontaine,* créés dans les familles ouvrières qui sont logées dans de délicieuses maisonnettes récemment construites, tout à côté de la *Pouponnière,* par la société d'habitations à bon marché, *Le foyer ouvrier versaillais, nids,* où sont élevés, par l'allaitement artificiel, au moyen du lait de la vacherie modèle, puis, jusqu'à l'âge de cinq ans, avec une nourriture appropriée à chaque enfant, sous le contrôle de la consultation et d'une inspection médicale à domicile fréquemment renouvelée, les nourrissons qui ne peuvent absolument pas être élevés au sein.

L. — Des *leçons particulières d'économie domestique et d'hygiène,* faites, à tour de rôle, dans chacune des maisonnettes où sont les *Nids,* et qui sont destinées à former, sur place, de bonnes ménagères et de bonnes mères.

2° ENSEIGNEMENT DE LA POUPONNIÈRE-INSTITUT DE PORCHEFONTAINE.

Enfin, pour le couronnement de l'œuvre, une *école d'enseignement libre, supérieur et pratique, de la puériculture,* qui, d'après le professeur *Pinard*[1], serait un véritable *institut de puériculture infantile,* a été organisée.[1]

Cette *école* est destinée à vulgariser les principes d'hygiène infantile et les notions indispensables à l'élevage rationnel du nourrisson.

On y étudie, expérimentalement, tous les genres d'alimentation et tous les genres d'assistance maternelle et infantile.

Un pavillon, qui comprend, *salle d'études* et de *conférence, bibliothèque, laboratoire, cuisine spéciale* pour la préparation des laits modifiés et autres aliments de l'enfant, est uniquement consacré à l'enseignement.

Cet enseignement est ainsi divisé :

A. — *Cours élémentaires gratuits, avec travaux pratiques,* destinés aux élèves des écoles normales d'institutrices, aux élèves des lycées et des écoles professionnelles, ainsi qu'à celles des différentes écoles libres, qui viennent y faire un stage de durée variable ;

B. — *Cours élémentaires, avec travaux pratiques,* pour l'éducation des élèves internes, payantes ou boursières, qui désirent se spécialiser dans les professions de *nurse,* d'*infirmière d'enfants,* d'*assistante maternelle,* etc. ;

C. — *Cours secondaires, avec travaux pratiques,* destinés aux élèves internes, payantes ou boursières, qui cherchent à obtenir un emploi dans les institutions de puériculture dépendant de l'Assistance publique ou privée ;

D. — *Cours supérieur* spécialement réservé aux étudiants et étudiantes en médecine.

Des examens, consistant en épreuves écrites, orales ou pratiques, terminent les études, et un diplôme est décerné à celles qui les ont subis avec succès.

1. Communication à l'Académie de Médecine du 14 février 1911.

Déjà, un grand nombre d'*élèves-institutrices* de l'école normale de Versailles et d'élèves du lycée de cette ville ont suivi cet enseignement avec le plus vif intérêt, d'après le rapport qui a été fait par Mme *Veil-Picard*, en 1911.

En somme, on peut dire, en toute vérité, avec tous ceux qui connaissent *La Pouponnière de Porchefontaine*, qu'elle est une œuvre admirable, qui a rendu les plus grands services, une œuvre modèle que l'on doit s'efforcer de multiplier, le plus possible, dans tous les pays, et surtout en France.

SECTION III

ESSAI SUR CE QUI RESTE A FAIRE EN FRANCE, POUR ORGANISER L'ÉDUCATION DOMESTIQUE DE LA FEMME, LA REPOPULATION ET LA RÉNOVATION SOCIALE

CHAPITRE I

CONSIDÉRATIONS GÉNÉRALES PRÉLIMINAIRES

Avant d'aborder la question qui fait le sujet de ce chapitre, récapitulons, dans une *vue très sommaire, l'ensemble de ce qui a été exposé jusqu'ici, dans ce travail.*

Les *maux* dont nous souffrons, notamment, étant revus et récapitulés, nous trouverons plus facilement les remèdes à leur opposer.

§ 1. — Revue très sommaire de tout ce qui précède.

Il a été établi successivement :

1° Que la *dépopulation* est, actuellement, le plus grand des maux dont souffre la France, le plus grand des dangers qui menacent sa puissance, et jusqu'à son existence ;

2° Que cette *dépopulation* tient à deux causes fondamentales : l'excès anormal de la *mortalité*, la *Nimimortalité* ; l'abaissement croissant de sa *natalité*, la *Paucinatalité* ;

3° Que l'excès de la mortalité tient surtout :

D'une part, à la *tuberculose des adultes,* engendrée, elle-même, par l'*alcoolisme,* l'ignorance ou l'inobservance de l'hygiène générale, et, tout particulièrement, de l'*hygiène de l'alimentation,* du *travail,* du *logement* et de la *vie en commun,* de l'hygiène des *plaisirs;*

D'autre part, aux maladies gastro-intestinales, etc., de la *première enfance,* engendrées par l'ignorance des règles les plus élémentaires de la *puériculture infantile,* ainsi que par la misère dont souffrent la plupart des femmes de la classe ouvrière, misère qui les oblige à négliger ou à abandonner leurs enfants, pour gagner leur vie, et à subir, de plus en plus, leur *accaparement croissant* par l'*industrie,* le *commerce,* etc.;

4° Que l'*abaissement de la natalité* tient surtout au *malthusianisme,* qui s'est infiltré et continue à s'étendre dans toutes les couches de la société, pour des raisons nombreuses et très variées, au premier rang desquelles se trouvent l'absence ou l'insuffisance de l'*Idéal moral et social,* le *célibat,* la *déchéance du foyer domestique* et de la *famille,* le *divorce,* l'*amour du libertinage* et des *plaisirs* en général, la crainte excessive ou la terreur inspirées par les charges de famille;

5° Que ces différents maux existent, quoique à un degré plus ou moins réduit, à l'étranger comme en France;

6° Que, dans tous les pays qui ont cherché à s'en délivrer, on a été d'accord pour reconnaître que l'*enseignement théorique et pratique de l'économie ménagère, de l'hygiène et de la puériculture rationnelle* constituaient, non moins que l'*enseignement d'un Idéal moral et social puissant,* les meilleurs remèdes capables de combattre efficacement ces différents maux;

7° Que, dans l'application de ces différents remèdes, la France a été largement distancée par ses rivales, excepté, peut-être, dans l'enseignement de la *puériculture physique du 1ᵉʳ âge,* science toute nouvelle, qu'elle a enfantée comme tant d'autres;

8° Enfin, il a été établi que, si la France est généralement encore très en retard sur ses concurrentes, elle n'en est pas moins le siège des efforts les plus variés et sans cesse grandissants, qui ont surgi et se multiplient de toutes parts, pour organiser l'enseignement de l'économie ménagère, de l'hygiène et de la puériculture, ainsi que pour mettre au point un *Idéal moral et social,* qui soit vraiment en rapport avec la mentalité positive de la masse des générations actuelles et de l'avenir.

On se préoccupe de plus en plus sérieusement de *rénover l'instruction et l'éducation de la femme* en ces matières, qui constituent le domaine d'activité le plus approprié à ses aptitudes naturelles et à ses goûts, celui où elle pourra, conséquemment, combattre le plus efficacement les maux qui nous rongent et rendre le plus de services à la société.

§ 2. — Devoirs de l'État.

L'État ne peut point se désintéresser de ces admirables et féconds élans vers le progrès individuel et social que nous avons signalés. Il lui est même impossible de se contenter plus longtemps de les contempler en spectateur sympathique et approbateur. Il doit prendre un rôle actif et se placer à la tête de ce mouvement, pour lui faire produire tous les bienfaits sociaux qu'il contient en puissance et qu'il ne manquera pas d'engendrer.

Il doit coordonner toutes les bonnes volontés, tous les efforts. Lui seul en a les meilleurs moyens et il doit les y employer.

Il faut, tout d'abord, introduire, dans les programmes des différentes écoles de filles, de tous degrés et de toutes variétés, primaires et secondaires, normales primaires et normales secondaires, professionnelles quelconques, et y organiser *effectivement, l'enseignement théorique et pratique de l'économie ménagère, de l'hygiène générale et domestique, et de la puériculture rationnelle et intégrale.*

Cet enseignement doit être *obligatoire,* pour toutes les filles, à partir de l'âge de treize ans au moins, progressif et complet, toujours contrôlé par des examens théoriques et pratiques, de plus en plus sévères, et couronnés par un *diplôme.*

Étant donné sa complication, étant donné surtout les charges multiples déjà très absorbantes qui incombent actuellement aux institutrices, ce nouvel enseignement ne saurait être convenablement assuré par elles.

Il ne peut être confié qu'à des *Institutrices spécialistes,* aussi compétentes que possible, pourvues, au moins, d'une sorte de *diplôme de baccalauréat ès sciences et arts domestiques,* qui embrasserait toutes les connaissances ci-dessus indiquées.

Pour les degrés plus élevés de l'enseignement, ce diplôme devrait être remplacé par celui, tout semblable, mais plus élevé, de la *licence,* et même du *doctorat* ou de l'*agrégation.*

Conséquemment, ces différents grades nécessiteraient la création, pour les délivrer, soit d'une *école normale spéciale,* soit, ce qui serait préférable, selon moi, l'*extension de l'enseignement des facultés de médecine,* qui recevraient tous les pouvoirs nécessaires pour les conférer.

Les facultés de médecine me semblent devoir être particulièrement qualifiées, pour exercer cette très importante fonction. Elles présentent toutes les garanties désirables. De plus, leur adaptation à ce nouveau rôle simplifierait beaucoup les dépenses nécessaires.

Il va sans dire que, dans le cas où les facultés de médecine seraient choisies, les connaissances complémentaires spéciales à l'enseignement de l'économie ménagère *rurale* ou de petites villes, telles que celles relatives à la bonne direction des soins nécessaires aux différents animaux de basse-cour et d'étable, aux différents jardins potager, fruitier, floral avec plantes d'ornement, etc., etc., devraient être acquises, par les futures maîtresses, auprès d'écoles spéciales agricoles ou horticoles, etc...

§ 3. — **Vues générales sur l'organisation de l'enseignement projeté.**

Un enseignement ne peut pas être absolument uniforme et fixe. Tout en conservant un fond commun, basé surtout sur *l'hygiène* et la *puériculture,* il doit pouvoir se plier à tous les besoins locaux qui sont très variés.

Ainsi, dans les cas où cet enseignement serait fait dans un grand lycée ou dans une grande école quelconque de filles, une ou plusieurs *maîtresses spéciales* pourraient être attachées uniquement à cet établissement, qui devrait avoir l'organisation matérielle nécessaire aussi bien aux *travaux pratiques* qu'aux *travaux théoriques.*

Au contraire, dans les villes contenant un certain nombre d'écoles peu importantes et peu éloignées, il serait préférable d'organiser une *école centrale spéciale* où les élèves viendraient travailler, par groupe, aux jours et aux heures qui leur seraient fixés.

Dans les grandes villes ayant un grand nombre d'écoles très éloignées l'une de l'autre, plusieurs *écoles centrales* pourraient y être convenablement réparties.

Quant aux *écoles de campagne* ou de très petites villes, dont les élèves sont peu nombreuses, l'enseignement spécial qui nous occupe y serait assuré par une ou plusieurs *maîtresses ambulantes* qui résideraient, soit dans le chef-lieu de département ou d'arrondissement, ou même de canton, si il était assez important. De là elles rayonneraient dans toutes les directions.

L'organisation matérielle pourrait être faite, soit dans l'école même, soit en dehors de l'école, dans un local spécial qui serait prêté par la commune.

Il serait absolument désirable que, dans tous les cas, les femmes adultes puissent profiter du nouvel enseignement, soit dans les séries de conférences ou de cours spéciaux, soit dans les mêmes cours que ceux faits pour les élèves des écoles.

Ces aperçus jetés, examinons maintenant, séparément et très sommairement, les principales matières que devraient comprendre, d'une part, l'enseignement de l'*Économie ménagère et de l'hygiène,* d'autre part, celui de la *puériculture.*

CHAPITRE II

ENSEIGNEMENT DE L'ÉCONOMIE MÉNAGÈRE

§ 1. — Essai sur un programme d'enseignement de l'Économie ménagère.

Cet enseignement doit comprendre toutes les branches de l'économie ménagère, qui sont :

1° L'*alimentation* de l'homme sain ou malade : origines et variétés des aliments, valeur nutritive, prix et achats, altérations et fraudes, procédés de conservation, préparations culinaires, digestibilité, présentation, dressage et décoration de la table, ornementation et service de la salle à manger, etc.

On devrait s'attacher, tout particulièrement, à enseigner, dans cette branche :

a) Le meilleur parti que l'on peut tirer des matières alimentaires plus spéciales à chaque région ;

b) La valeur thermogène des principaux aliments et le calcul, en calories, d'un repas complet, ainsi que sa valeur tonique, excitante et reminéralisatrice ;

c) La composition du repas le plus nutritif, le moins coûteux, le plus hygiénique et le plus agréable, en rapport avec les *ressources financières* et le *genre de travail* de chacun ;

d) Le nombre et la composition des repas qui conviennent le mieux aux *travaux musculaires* intenses ou modérés, au *travail cérébral* ou au *repos* de l'homme ou de la femme ; conditions de la réparation des forces usées par le travail ;

e) Les inconvénients et les dangers, pour la santé, des abus de la nourriture solide ou liquide, des spiritueux surtout, et la nécessité d'être sobre pour éviter les maladies ;

2° Le *vêtement* : variétés, caractères macroscopiques et structures microscopiques, qualités, prix, usages contre les refroidissements ou les excès de chaleur du corps, etc., des divers tissus ;

Confection, emploi suivant les saisons, la température, la force du vent et l'humidité, nettoyage, désinfection et réparation du linge de corps, ainsi que des différentes parties des vêtements d'enfants, d'homme ou de femme ;

La mode, son utilité, ses caprices, ses bizarreries, ses excentricités, ses ridicules, ses folies, ses gaspillages d'argent, de temps et de matières ; le perfectionnement rationnel du vêtement ;

3° Le *logement* : exigences de la vie normale relatives à l'air. Conditions générales de la salubrité et de l'hygiène ; funestes conséquences du mauvais entretien, du désordre, de l'encombrement, de la viciation et de l'insuffisance de l'air ; souillures de l'air infectieux, désinfection et purification de l'air ; procédés de nettoyage, de bon entretien et de bon ordre ; ornementation du logement ; rôle moralisateur et source de bonheur du foyer domestique bien tenu.

4° *Hygiène du repos et des plaisirs.* — Distractions, plaisirs variés, jeux divers, d'intérieur ou de plein air, toujours moralisateurs et peu coûteux, que peut procurer la famille ou la réunion de quelques personnes bien choisies, soit au sein du foyer domestique, soit en dehors.

5° *Comptabilité ménagère* : nécessité et utilité de l'enregistrement régulier et détaillé des recettes et des dépenses de chaque jour.

6° *Hygiène du travail musculaire et cérébral* : aperçus sommaires sur :

L'évaluation, en kilogrammètres et en calories, du travail musculaire ou cérébral, suivant les professions ;

L'usure de l'organisme et sa réparation, au moyen des aliments, du repos et de la distraction ;

Le rôle de la salubrité et de l'hygiène dans le rendement et la qualité du travail;

Les soins d'hygiène nécessaires, suivant la nature et les conditions du travail, dans chaque profession;

Les limites rationnelles du travail musculaire ou cérébral, suivant les individus et les variations de leur état physiologique.

7° *Salubrité et Hygiène des ateliers :* pernicieuses conséquences de l'insalubrité des ateliers sur le travail et la santé des ouvriers.

8° *Dangers de la promiscuité :* air infectieux des ateliers encombrés; préservation contre la contagion et les maladies.

§ 2. — Enseignement complémentaire nécessaire aux femmes de la campagne.

L'enseignement des matières ci-dessus exposées convient à tout le monde, aussi bien aux ruraux qu'aux citadins. Il peut donc être général.

Cependant, tout étendu qu'il soit, il est encore insuffisant. Il est nécessaire de le compléter, surtout pour les habitants des campagnes et des petites villes, par l'enseignement spécial des soins qui sont nécessaires, pour obtenir les meilleurs résultats :

Aux animaux de basse-cour et d'étable;

Dans le travail du lait, la confection du beurre et des fromages;

Dans le bon entretien et la culture des jardins potagers, fruitiers, de fleurs et de plantes d'ornement;

Dans la culture des abeilles et la récolte du miel;

Dans la préparation des nombreuses conserves alimentaires de nature végétale ou animale, etc.

§ 3. — L'Enseignement doit être fait à 3 degrés, tout en ayant un fond commun.

Enfin, ajoutons que, toutes les femmes étant naturellement

bien loin d'avoir les mêmes capacités cérébrales et les mêmes besoins, il serait nécessaire de diviser cet enseignement en trois degrés qui répondraient aux trois degrés de la hiérarchie sociale, dans lesquels elles sont classées ou appelées à se classer.

Cependant, malgré les différences de conditions sociales, une pensée devrait toujours dominer un tel enseignement. Elle devrait consister dans le souci d'*inculquer, à toute femme, le goût et les moyens de vivre avec toute la simplicité et avec toute l'économie que peut comporter sa situation,* tout en lui apprenant à rendre sa vie aussi fructueuse que possible, pour elle-même, sa famille et la société.

Quelle que soit sa situation, la femme a, en effet, dans son ménage, une *fonction économique et sociale* du tout premier ordre à remplir, en s'ingéniant, chaque jour, pour ainsi dire à chaque heure, à économiser, à *ménager,* en vraie et bonne *ménagère,* toutes les ressources qui sont mises à sa disposition et dont elle a plus spécialement l'administration.

A chaque instant de sa vie, elle doit s'appliquer à ne faire aucune dépense inutile et à employer ses différentes ressources *le plus utilement possible,* tant pour la Société tout entière, que pour sa famille et elle-même.

Elle doit s'efforcer, le plus possible, de conserver et d'entretenir, en bon état, toutes ces ressources matérielles, quelles qu'elles soient.

Elle doit éviter, avec le plus grand soin, *tout gaspillage, toute destruction, toute usure,* qui ne sont pas absolument *nécessaires,* bien convaincue que *tout objet* a ou peut avoir son utilité, quand on *sait* s'en servir.

Sans parler, parce qu'ils sautent aux yeux, des multiples et importants profits, que retireraient, d'une telle pratique, la femme elle-même et sa famille, si peu qu'on y réfléchisse, on ne manque pas d'être vivement frappé, surpris, stupéfait, en contemplant le *supplément imaginaire colossal* de richesses et d'avantages de toutes sortes, qui, en un an, par exemple, résulterait, pour l'*Économie sociale,* si toutes les femmes de la Nation remplissaient, régulièrement, la *fonction de ménagère* qui leur incombe, en s'inspirant et en s'imprégnant profondément d'un tel *esprit*.

Et tous ces bons résultats seraient encore infiniment supérieurs, cela va sans dire, si *tous les hommes* agissaient de même, chacun dans sa propre profession, dans sa fonction privée ou publique.

La Nation ne serait pas de plus en plus écrasée par les budgets fantastiques qu'elle a toujours plus de difficultés à équilibrer.

La vie serait assurément moins chère et tout le monde serait plus heureux.

# CHAPITRE III

ENSEIGNEMENT DE LA PUÉRICULTURE

§ 1. — Considérations générales
qui justifient cette organisation.

La question de l'enseignement de la *puériculture* dans les écoles de filles est tout à fait nouvelle. Une telle proposition paraît même très audacieuse ou trop audacieuse à beaucoup.

Elle est cependant absolument justifiée par l'*ignorance* plus ou moins profonde et les *préjugés* stupides et dangereux des jeunes mères, en matière de *puériculture infantile*.

Tous les *puériculteurs* savent et disent que la presque totalité des jeunes primipares, et même des femmes multipares, sont fort embarrassées, pour donner, à leur enfant, les multiples soins qui lui sont nécessaires, et cela, malgré tout l'amour dont elles l'entourent.

L'enfant est toujours la première victime de l'*ignorance* et des *préjugés* de sa mère ou de sa nourrice, ignorance et préjugés qu'il paye de sa santé, et, très souvent, de sa vie.

L'enseignement de la *puériculture infantile* s'impose donc naturellement à la jeune fille. On doit s'appliquer à le lui donner, et cela d'autant plus, qu'elle est toujours très heureuse de le recevoir. Il est le complément naturel, nécessaire, de son éducation domestique et familiale.

§ 2. — La conception actuelle de la puériculture est beaucoup trop étroite.

La *puériculture* est une question tout à fait fondamentale et extrêmement compliquée.

Jusqu'ici, ce mot n'a été appliqué qu'à la *culture physique*, la plus importante, il est vrai, c'est-à-dire à l'*hygiène corporelle* des enfants du premier âge, qui s'étend de la naissance au sevrage, à la fin de la deuxième année tout au plus, et surtout, à l'hygiène alimentaire de ces enfants.

Ainsi comprise, la *puériculture* est certainement beaucoup trop restreinte.

On ne saurait la borner à la première enfance. Elle doit comprendre les différents degrés de l'enfance et s'étendre jusqu'au début de l'adolescence.

D'autre part, elle ne peut être scindée et envisagée sous un seul aspect. Elle comprend naturellement la *culture* de l'enfant, c'est-à-dire du futur homme ou de la future femme, sous *tous* ses aspects. Elle s'étend à tous ses organes, à toutes ses fonctions, aussi bien aux *fonctions psychiques* qu'aux grosses *fonctions physiques ou mécaniques,* qui sont, du reste, inséparables des premières.

Aussi, théoriquement, en bonne logique, la *puériculture* doit-elle être *intégrale. On ne saurait trop appuyer sur ce dernier mot.*

Elle concerne aussi bien la *culture* du développement et du perfectionnement des *instincts,* des *sentiments* et des *passions,* que l'on pourrait englober sous la dénomination synthétique de *cœur,* celle de l'*intelligence* et du *caractère ou volonté,* que la *culture du corps* proprement dit, la *culture intra-utérine* du nouvel être, que sa *culture extra-utérine.*

On ne peut même pas encore assigner cette dernière limite à la *puériculture,* car elle la dépasse largement pour s'étendre jusqu'à la culture de la *graine,* de l'*œuf humain,* c'est-à-dire des deux *éléments générateurs,* d'abord séparés, puis combinés, et, conséquemment, à la culture préalable des deux organismes qui les produisent, celui de la femme surtout, sur lequel, seul, germera et se formera le nouvel être.

Pour être complet et tout à fait logique, on ne peut même pas encore s'arrêter là. On peut affirmer, aussi, qu'après avoir bien cultivé les organismes mâle et femelle, on doit s'appliquer à les *sélectionner* et à les *accoupler,* en n'ayant uniquement ou surtout en vue que le *perfectionnement des nouveaux êtres* qu'ils sont appelés à engendrer.

La Puériculture intégrale doit comprendre, ainsi, toute l'Eugénique.

Et n'est-ce pas vraiment déraisonnable et déplorable que cette union des deux époux, le plus sacré et le plus sublime des actes humains, le plus fondamental, aussi bien pour la société, tout entière, que pour les futurs enfants et leurs parents, que cette union conjugale, dis-je, soit si souvent faite sans se soucier des *qualités du produit* qui en résultera, sans discernement, qu'elle soit abandonnée au hasard, au caprice, comme aux plus vils calculs d'un intérêt purement personnel.

Si les hommes avaient nettement conscience de leurs intérêts les plus profonds, de même que de ceux de la société, au lieu de se laisser fasciner par les avantages plus ou moins brillants de la vie, ne s'inspireraient-ils pas, avant tout, pour fonder une famille, ainsi qu'ils le font du reste avec tant de succès et de profit, pour les végétaux et les animaux, du perfectionnement de leur espèce, et, conséquemment, de l'amélioration de leur famille, de leur patrie et finalement de l'humanité?

Un jour viendra sans doute où une telle *sélection* sera exercée, en s'inspirant aussi bien de ces hauts points de vue, que d'une science sûre d'elle-même, mais il faut reconnaître que la mentalité, les mœurs et le savoir de notre époque, sont encore tels. qu'il ne faut guère songer à la régler actuellement.

Un enseignement bien compris pourrait, au moins, faire entrevoir, à la jeune fille arrivée à un âge convenable, avec toutes les délicatesses que comporte le sujet, et exposer clairement et sévèrement au jeune homme, l'importance fondamentale de cette *sélection,* afin qu'ils puissent en tenir le plus grand compte, quand ils songent à s'unir ou à fonder une famille.

§ 3. — **Exemples lumineux, impressionnants et décents, tirés de la culture des végétaux et des animaux.**

Pour établir solidement, dans l'esprit des jeunes gens, et cela, sans choquer, ni la décence, ni la pudeur, ni aucune des convenances actuelles, les bases les plus profondes de la *puériculture intégrale rationnelle,* de la vraie *culture humaine,* on pourrait faire, en y mettant tous les ménagements nécessaires, les emprunts les plus lumineux aux *méthodes de perfectionnement* qui sont employées, depuis si longtemps et si fructueusement, dans la *culture scientifique des animaux,* des *fleurs* et d'un grand nombre de *végétaux*.

On pourrait en faire autant, dans le domaine de leur pathologie, et, tout particulièrement, dans celui de leur *pathologie parasitaire.*

Quels beaux et féconds exposés ne puiserait-on pas dans leur *pathologie héréditaire,* dans la *maladie infectieuse et héréditaire du ver à soie (bombyx* ou *magnan),* par exemple, maladie connue sous le nom de *pébrine* et si bien étudiée par Pasteur!

Nulle part, peut-être, on ne trouvera un exemple de transmission d'une infection parasitaire par *l'œuf des parents* qui soit plus simple, plus facile à démontrer expérimentalement, plus impressionnant, et, conséquemment, plus instructif.

On pourrait presque en dire autant des *expériences* poursuivies par M. *F. Houssay,* sur 6 générations de poules, ainsi que des *faits* qui les étayent (p. 75 et suivantes).

§ 4. — **Vue d'ensemble sur l'organisation nécessaire pour rénover la puériculture et la viriculture.**

Quoi qu'il en soit, l'État a le devoir de s'efforcer de concourir au développement et à l'organisation de la *puéricul-*

ture, par tous les moyens qui sont en son pouvoir, ainsi que par ceux qui lui ont déjà été indiqués par l'initiative privée, et notamment :

1° En inculquant profondément à chacun et l'obligeant, autant que possible, à appliquer les *préceptes de la salubrité et de l'hygiène* qui le protègent contre les maladies, tout en lui apprenant les moyens d'accroître sans cesse sa santé, sa résistance et sa vigueur, et, conséquemment, celles de la société tout entière;

2° En protégeant, avec plus d'efficacité que par le passé, les fillettes non pubères et les jeunes filles, contre les travaux excessifs qui leur sont imposés par l'industrie, etc., et qui sont si préjudiciables à leur développement, ainsi qu'à leur future maternité;

3° En protégeant surtout les femmes enceintes contre l'insalubrité des ateliers, des usines, des manufactures, des magasins, etc., où elles travaillent, et contre les travaux reconnus *excessifs pour leur état;*

En exigeant, de leurs employeurs, qu'elles puissent les exécuter dans la station assise, autant que possible;

4° En leur interdisant les *travaux excessifs,* pendant les derniers mois de leur grossesse, et en donnant aux pauvres des secours de grossesse et d'allaitement suffisants, qui leur permettent de se reposer assez longtemps, tout en se nourrissant moins mal, avant et après leurs couches;

5° En combattant énergiquement et sans répit, les *avortements criminels,* de même que ceux qui sont engendrés par des *intoxications professionnelles;*

6° En encourageant et favorisant les familles nombreuses, ainsi qu'en distribuant publiquement et solennellement des *récompenses honorifiques aux mères de famille,* et cela, en raison du nombre d'enfants qu'elles auront élevés, et surtout, *bien élevés;*

7° En organisant ou en provoquant l'organisation, dans chaque quartier de grande ville, dans chaque petite ville, dans chaque village assez important, en un mot, partout où cela serait utile et possible, un *centre de maternité* qui serait, en principe, surtout destiné aux femmes pauvres, centre qui serait une sorte d'*école de puériculture*, dirigée, suivant son importance, par un ou plusieurs médecins aidés de sages-femmes, ou, ce qui serait préférable, par une ou plusieurs *doctoresses en médecine* spécialisées dans la *puériculture*, la *pédagogie*, les *sciences et arts domestiques*, la *salubrité* et l'*hygiène*.

Un tel *centre de maternité* devrait comprendre, à la fois :

a) Une *consultation* pour femmes enceintes destinée à surveiller et à diriger leur grossesse;

b) Un *refuge-ouvroir* de repos pour les derniers mois de cette grossesse;

c) Une *maison d'accouchement* où leur délivrance serait assurée dans les meilleures conditions;

d) Une *maison de convalescence et de repos* où les mères pourraient refaire leur santé et leurs forces pendant quelques semaines, au moins, après leur délivrance, tout en apprenant à élever leur enfant;

e) Une *consultation pour nourrissons et mères nourrices*, où seraient surveillés la mère et l'enfant, formant ainsi une *école d'allaitement;*

f) Une œuvre dite *goutte de lait* qui délivrerait gratuitement ou au prix de revient, mais seulement aux mères reconnues incapables de nourrir ou de nourrir suffisamment leur enfant, les meilleurs laits naturels, stérilisés, pasteurisés, préparés, humanisés, etc., toujours contrôlés et garantis;

g) Une *crèche modèle* où les mères absolument forcées d'aller travailler déposeraient leurs enfants, tout en assurant leur allaitement au sein, au moins plusieurs fois par jour et aussi longtemps que possible;

h) Une *garderie modèle*, avec jardin spécial pour petits enfants âgés de 2 à 4 ans, qui y seraient gardés, jusqu'à l'âge exigé pour entrer à l'école primaire.

Les *écoles maternelles* qui existent déjà, en grand nombre, sur toute l'étendue du territoire, pourraient être confondues avec ces garderies.

Le *médecin-inspecteur* des enfants confiés à des nourrices

mercenaires et chargé d'appliquer la loi *Th. Roussel* pourrait faire, de ce *centre de maternité et de puériculture,* son centre d'observation, et être autorisé à y faire apporter les nourrissons dont il a la surveillance, pour les examiner et les peser, mais cela, sans négliger l'inspection des conditions de salubrité et d'hygiène du logement de leur nourrice.

Ce *centre de maternité,* qui pourrait être aussi un *musée,* très instructif pour tous, de tout ce qui se rapporte à la *puériculture,* devrait donner ou prêter, aux plus pauvres, ou louer et même vendre, dans certains cas, les appareils, ustensiles divers, objets de lingerie, de pansements, les désinfectants, certains médicaments, etc., habituellement employés, avant ou après l'accouchement, dans les cas où les femmes préféreraient achever leur grossesse et faire leur délivrance dans leur domicile.

Il pourrait être encore un *centre de désinfection* pour toute une région.

Une *vacherie modèle,* où le lait serait sûrement *tiré aseptiquement* de vaches choisies avec grand soin et méthodiquement soumises aux *épreuves de la tuberculine,* devrait lui être annexée.

Dans beaucoup de cas, sinon dans tous, on pourrait rassembler, dans un même groupement, tout ce qui concerne la *puériculture, l'économie ménagère et l'hygiène,* et on faire ainsi une *école centrale de puériculture, de sciences et arts domestiques,* qui deviendrait, en ces matières, un *foyer populaire* d'instruction et d'éducation théoriques et pratiques.

Cette *école* étendrait sa surveillance et sa bienfaisante influence sur toute une région. Elle pourrait instituer des visites à domicile et des encouragements, organiser des expositions et des concours annuels, de belles fêtes où seraient publiquement honorées et récompensées les mères de famille qui auraient le plus et le mieux élevé d'enfants, le mieux tenu leur ménage, le mieux observé et appliqué les règles de la puériculture, de l'hygiène et de l'économie ménagère.

Enfin, une telle *école,* devrait être complétée par deux autres œuvres, dont l'importance est aussi tout à fait fondamentale, et qui sont également destinées à la *puériculture,* mais à la puériculture de degrés supérieurs, qui confinent à l'*adolescence,* et même à la *virilité.*

J'appellerai volontiers *école de viriculture,* l'union de ces deux œuvres qui viendraient compléter, si heureusement et si logiquement, une *école centrale de puériculture, de sciences et arts domestiques.*

Cette *école de viriculture* devrait comprendre notamment : *stand, manège, salle d'armes, champs de jeux d'adresse et d'agilité, de force et de résistance,* etc., pour les divers *exercices militaires et jeux olympiques,* pour les divers *exercices de cheval,* de *gymnastique naturelle,* de *tir,* d'*escrime,* de *boxe* et de *savate,* de *canne* et de *bâton,* etc. ;

Piscine de natation et *exercices nautiques de tous genres, bains, douches,* etc. ;

Un *comité de patronage* et une *caisse d'apprentissage,* pour le développement, la surveillance et la bonne direction de l'*apprentissage professionnel, local ou régional.*

Une *grande école,* ainsi comprise et organisée, serait, en somme, plus qu'une *école.* Elle serait une *véritable Université.*

Sans aucun doute possible, elle contribuerait puissamment, beaucoup mieux que n'importe quel autre moyen, à diffuser, dans toutes les parties de notre nation, la *salubrité* et l'*hygiène,* les *sciences et arts domestiques,* la *puériculture* et la *viriculture rationnelles.*

Elle assurerait, ainsi, la rénovation domestique et la repopulation de la France, la régénération de la race, telles que nous les rêvons.

Elle rendrait, sûrement, les plus grands services à tout le monde.

Et, si peu qu'on y réfléchisse, on sent bien que, quelque audacieux qu'il soit ou qu'il paraisse, un tel projet n'est point une *utopie irréalisable.* Il sera l'organisation de l'avenir, sinon de notre époque.

§ 5. — L'enseignement de la puériculture
doit être obligatoire.

Le projet exposé ci-dessus est assurément très beau et très grand. Malgré tout, il est encore insuffisant.

Selon moi, l'État ne devrait point se borner à organiser ou à provoquer l'organisation de cette œuvre essentiellement démocratique et d'intérêt public.

Un autre devoir lui incombe : celui de créer l'*enseignement de la puériculture* dans toutes les écoles de filles.

De même que celui de l'*économie ménagère*, de la *salubrité et de l'hygiène*, il devrait être *obligatoire,* pour toutes les filles, à partir d'un certain âge à fixer. Comme lui aussi, il devrait être *théorique* et *pratique*.

Et, si l'*école centrale de puériculture, de sciences et arts domestiques* était organisée comme il a été indiqué plus haut, on pourrait y conduire, selon les besoins, par groupe, les élèves des lycées et collèges, de même que celles des écoles communales, professionnelles, des écoles libres, de même aussi que les associations des anciennes élèves de ces différentes écoles et des *œuvres postscolaires,* qui ne cessent de se multiplier et de se développer.

L'utilisation des ressources de cette *École centrale,* disons mieux, de cette *Université de perfectionnement humain,* n'empêcherait pas les lycées, collèges, etc., de compléter, au besoin, par un enseignement théorique plus complet, celui qui y aurait été donné.

Dans les cas où les lycées, collèges ou autres écoles, seraient trop éloignés des *écoles centrales* en question, ou en attendant leur création, qui peut être trop longtemps différée, il sera toujours facile d'organiser, dans ces lycées, collèges, etc., des petites *crèches,* avec leurs *consultations* pour nourrissons et nourrices, leurs *gouttes de lait,* etc., pour servir à l'instruction des élèves.

Je désirerais vivement pouvoir exposer ici, avec toute l'ampleur nécessaire, au moins l'enseignement de la *puériculture physique du premier âge*, tel que je le conçois. Mais c'est là, un travail spécial qui formerait un volume, et que je ne puis placer dans ce rapport, déjà si compliqué.

Du reste, il existe déjà sur la question un grand nombre de publications fort bien faites, qui répondent plus ou moins complètement à mes propres conceptions, et je ne saurais mieux faire que d'y renvoyer ceux qui désirent entrer dans les détails.

Parmi ces publications, il convient de signaler tout particulièrement celles du professeur *Pinard*[1] et du Dr *G. Variot*[2].

Je me bornerai donc à exposer ici tout simplement le *programme minimum* qu'il me semble nécessaire d'imposer aux jeunes filles de toutes nos écoles.

§ 6. — Essai sur un programme de puériculture physique infantile.

Le principe de l'enseignement admis, nous pensons que les matières, toujours *théoriques* et *pratiques*, qui doivent le constituer sont, tout d'abord, les suivantes :

1° Notions très sommaires sur la morphologie, l'anatomie et la physiologie du nouveau-né.

2° *Soins de propreté nécessaires* à sa peau, à ses yeux, à ses oreilles, à son nez ; préparation et fréquence des bains ; précautions à prendre.

3° *Soins à donner au vêtement :* confection, composition et application des maillots.

4° *Soins à donner au couchage :* confection, composition, propreté des berceaux, des abris, des couches ; température ambiante ; pureté de l'air ; sommeil.

5° *Différents modes d'allaitement :* au sein, artificiel,

---

1. *La puériculture du premier âge*, 1 vol. in-12, Colin, édit., Paris, 1904.

2. *Traité d'hygiène infantile*, 1 vol. in-8° de 800 p. et 137 fig., Doin, édit., Paris, 1910.

Puériculture pratique, 1 vol. in-18 de 450 p. avec fig. et 2 pl. en coul., Doin, édit., Paris, 1913.

mixte; préparation et administration des laits ; régimes alimentaires; allaitement par mercenaire, ses inconvénients et ses dangers.

6° *Hygiène de la mère qui allaite de son sein :* alimentaire, composition et ration, suivant son âge et son travail; hygiène physique et morale ; inconvénients du surmenage et du travail, des graves soucis.

7° *Principaux caractères de la santé et de la maladie chez l'enfant du premier âge :* examen et observations méthodiques de son corps et de sa vie; surveillance ; thermométrie; prises et feuilles de température, etc. ; examen de la sudation, des selles et des vomissements, etc.

8° *Développement physique du nouveau-né :* pesées, mensurations linéaires; établissement des courbes de développement.

9° *Promenades :* sur bras, sur voiture ; conditions atmosphériques; fréquences et durées des sorties; dangers des refroidissements.

10° *Dentition :* principaux troubles fonctionnels, etc.

11° *Exercices de la musculature :* essais de station et de marche; dangers et précautions ; surveillance incessante.

12° *Sevrage :* époque et conditions; préparation, composition et administration des aliments solides et liquides ; fréquence des repas.

13° *Jouets et jeux :* utilité et dangers; contagion et empoisonnement par les jouets, etc. ; choix des jouets et des jeux ; *haute importance* des jeux et de leur bonne direction.

14° *Habitation :* salubrité et hygiène de la maison, du logement et de la chambre du bébé; inconvénients et dangers des animaux et des parasites (*mouches, moustiques, puces, punaises, poux,* etc.).

15° *Éducation pratique, méthodique, des différents sens, de l'observation et du langage.*

Telles sont les principales bases de la *puériculture physique infantile* que *toute fille* doit apprendre à l'école, *théoriquement et pratiquement.*

On y parviendra pleinement, soit en organisant une *crèche*

et une *consultation de nourrissons* dans l'école même, si elle est assez importante, à côté des services d'enseignement de l'économie domestique, soit en menant les élèves, par groupe, dans une crèche et une consultation situées au dehors et organisées *ad hoc*.

CHAPITRE IV

PUÉRICULTURE RATIONNELLE INTÉGRALE

§ 1. — Nécessité d'enseigner à la femme la puériculture rationnelle et intégrale.

Selon moi, je l'ai déjà dit, l'enseignement de la puériculture doit être complet, *intégral* et *rationnel*.

La future mère doit être préparée, et solidement, à diriger,
au moins pendant l'enfance, aussi bien le développement et
le perfectionnement du *Cœur* (composé des instincts, des
sentiments, des passions, etc.), de l'*intelligence* et du *caractère*
ou *volonté*, de ses enfants, que le développement et le perfectionnement de leur *corps*.

C'est là, une nécessité à laquelle chaque femme doit obéir
et à laquelle elle ne doit pas pouvoir se soustraire.

En élevant son enfant, la mère cherche naturellement, et
elle doit s'efforcer de concourir avec discernement et méthode,
consciemment, à en faire un *être complet,* un homme ou une
femme, qui, plus tard, contribuera, dans la Société dont il
fera nécessairement partie, à cultiver le grand *Idéal moral et
social* qui anime ou doit animer cette Société, à s'approcher
toujours davantage, sinon à le réaliser, du grand *Idéal républicain,* qui inspire la Patrie, qui est ou qui doit être
l'*Ame de la France,* et même de l'Humanité.

La femme a sûrement un grand et beau rôle à remplir, en
se plaçant pleinement à ce point de vue élevé.

Et l'on ne semble pas s'en apercevoir.

Elle même ne paraît pas avoir bien conscience de la *sublime mission* qui lui revient naturellement, qu'elle peut et doit remplir, pour le plus grand bien de la Société.

La *République* pourrait faire facilement, de la femme, son plus utile auxiliaire, pour réaliser l'*Idéal moral et social* qu'elle porte en elle, *Idéal* qui se confond, qui ne fait qu'*un*, avec elle, et qui, quoiqu'en puisse dire ou penser les esprits superficiels, qui ne se donnent pas la peine d'y réfléchir, n'est, au fond, qu'une sorte de *Religion*.

Certes, je n'ignore pas que la simple énonciation de ce grand mot, *Religion,* est, de ma part, un acte très audacieux, peut-être, encore actuellement, même imprudent, parce qu'il pourra froisser beaucoup d'amis insuffisamment préparés à en comprendre et à en accepter le *vrai sens scientifique et républicain*. Mais, tout ce qu'on pourra dire ou faire de contraire ne modifiera, en rien, la réalité des choses.

Et en effet, un grand *Idéal moral et social*, qui a pour but fondamental de *rallier* ou de *relier* (*religere*) et de faire *concourir harmonieusement* tous les hommes vers sa réalisation, qu'il s'appelle *Catholicisme, Protestantisme, Mosaïsme, Islamisme, Confucianisme,* etc., etc., ou *République, Républicanisme,* n'est-il pas une *Religion ?*

Les fondateurs du Catholicisme, et, surtout, leurs successeurs, ont été assurément très prévoyants, en s'attachant à cultiver, d'une façon spéciale, le cœur et l'esprit de la femme, en imprégnant sa mentalité de leur *Idéal religieux,* moral et social.

On sait quels fructueux avantages ils ont su retirer, de cette façon de procéder, pour établir, étendre et consolider, pendant de nombreux siècles, leur influence sur la Société. Ils ont fait, de la femme, leur collaboratrice la plus précieuse, la plus dévouée, celle qui, malgré tout, leur reste encore généralement attachée.

Les fondateurs de la République et leurs successeurs peuvent et doivent, à leur tour, faire plus et mieux que ceux du Catholicisme, en se servant de la femme, de la mère surtout, pour pétrir le *cœur*, l'*esprit* et le *caractère,* c'est-à-dire l'*âme* de son enfant, de l'*Idéal moral et social* que porte naturellement en elle la *Doctrine républicaine* : le *Répu-blicanisme*.

§ 2. — Nécessité urgente de constituer et d'enseigner l'Idéal moral et social de la République.

Pour que la femme puisse exercer, pleinement, la belle *mis-sion d'éducatrice,* de *moralisatrice,* qui lui revient, au moins dans sa propre famille, il faut, avant tout, qu'elle ait été, elle-même, imprégnée de l'*Idéal moral et social de la République.*

Il faut donc enseigner cet *Idéal* partout, le proclamer bien haut, dans toutes les écoles de filles, comme dans toutes celles de garçons, et dans toutes les assemblées d'adultes, comme dans toutes celles de l'enfance ou de l'adolescence.

Le peuple entier doit en être instruit et nourri sans cesse. Il doit le voir et le comprendre pleinement, sans aucune obs-curité, sans aucun doute. Il doit s'en enthousiasmer et s'en inspirer à chaque instant de la vie.

Car, sans *Idéal moral et social,* il est impossible de se conduire sûrement, avec discernement, de faire méthodique-ment, avec la pleine conscience que l'on fait bien ce qui doit être fait, en repoussant ce qui doit être évité, pour bien gouverner, pour améliorer le *corps,* le *cœur,* l'*intelligence* et le *caractère* de l'enfant, de l'adulte ou de soi-même.

Sans un *idéal* inspirateur et directeur, chacun est désem-paré, et, quand il n'est pas paralysé ou complètement arrêté dans son action, livré au hasard aveugle de l'empirisme, toujours tâtonnant, incertain, inquiétant, dangereux, rempli de surprises, de mécomptes et d'accidents.

D'une façon très générale, sinon dans tous les cas, pour agir sagement, c'est-à-dire avec méthode, il faut toujours avoir devant les yeux, un *plan d'action,* c'est-à-dire un *Idéal ra-tionnel,* petit ou grand, que l'on s'efforce de réaliser.

Au fond, tout être agissant ou sur le point d'agir, a toujours un *Idéal quelconque,* bon ou mauvais.

C'est là une loi qui gouverne toute l'activité humaine, et, peut-être même, toute l'activité animale.

Ainsi donc, avec un *Idéal moral et social* vraiment rationnel, scientifique, simple, clair et précis, ayant une attraction puissante, sûrement approchable, dans une certaine mesure, sinon prochainement réalisable, chacun saura qu'il doit coordonner et faire concourir toutes ses pensées, tous ses instincts, tous ses sentiments, tous ses désirs, toutes ses volontés, toutes ses passions, tous ses actes, tous ses efforts, pour s'en approcher personnellement de plus en plus et orienter les autres vers sa réalisation.

Telles sont les qualités fondamentales de l'*Idéal moral et social* dont il faut imprégner le cerveau de la femme, comme celui de l'homme, afin qu'elle puisse faire, sûrement, une bonne *puériculture intégrale rationnelle,* et devenir, ainsi, une collaboratrice convaincue et ardente de la *République.*

Il est évident que cet idéal est absolument indispensable à la mère qui doit faire de la *puériculture intégrale rationnelle,* c'est-à-dire diriger méthodiquement, avec conscience, le développement et le perfectionnement du *corps,* du *cœur,* de l'*intelligence* et du *caractère* ou *volonté,* de son enfant, pour concourir à en faire une femme ou un homme complet.

La *vraie Doctrine républicaine,* basée sur la *science sociale* et les *autres branches* de la *Science,* contient cet *Idéal sublime,* qui satisfait également le *cœur* et la *raison,* l'*intérêt particulier* et l'*intérêt général,* l'*égoïsme* et l'*altruisme.*

Il faut donc s'appliquer à le lui inculquer, après l'avoir convenablement dégagé, simplifié et systématisé.

En s'en inspirant, dans sa *fonction* d'*éducatrice,* comme dans tous les autres actes de sa vie, la femme gagnera, sûrement, dans notre Société, une dignité et une autorité qu'elle n'a jamais connues, qu'elle ne soupçonne même pas, et elle deviendra, non seulement la collaboratrice la plus précieuse pour la République, mais encore la meilleure source de la repopulation et de la régénération de la France.

Un tel Idéal doit être l'âme d'une Nation tout entière, l'âme sans laquelle elle ne pourrait vivre, l'âme de la Patrie et de l'Humanité.

Mais, cette nécessité bien établie, une grave question se pose immédiatement :

Est-on en mesure de lui enseigner pleinement, aujourd'hui, ce grand IDÉAL?

Quant à moi, si je puis affirmer que je suis convaincu, depuis longtemps, que la *science sociale* de notre époque, basée sur toutes les autres branches de la *Science*, contient les principaux éléments nécessaires à sa construction, je dois avouer, aussi, que je ne vois, nulle part, cet idéal *formulé* avec l'ampleur et la plénitude, la sûreté et la précision, la simplicité et la clarté, la force et la beauté, qui lui sont nécessaires pour qu'il remplisse, sûrement et complètement, le rôle suprême d'un *Idéal moral et social*.

Je vois bien de **grosses** aspirations, de formidables appétits, de terribles menaces, mais partout aussi un très grand **vague**, de profondes incertitudes, d'énormes et nombreuses lacunes dans les conceptions générales et leurs énoncés, les plus déconcertantes défaillances et d'innombrables contradictions, qui maintiennent les esprits plongés dans le chaos.

Qui donc fera surgir, de ce chaos, et flamboyer aux yeux de tous, le puissant *Idéal moral et social* dont la société de notre époque a un besoin si urgent et si grand, l'*Idéal* capable de convaincre tous les hommes, de les captiver, de les enthousiasmer et de faire concourir harmonieusement tous leurs sentiments, tous leurs instincts, toutes leurs pensées, toutes leurs convictions, toutes leurs volontés et toutes leurs actions, dans un élan commun et persévérant, vers sa réalisation?

Travaillons et espérons.

Mais, en attendant, servons-nous, malgré leurs imperfections, des meilleures de nos conceptions morales et sociales, inculquons-les fortement aux jeunes filles de notre époque, afin de les préparer à faire la *puériculture intégrale et rationnelle* qui leur incombera, et à exercer, ainsi, le moins mal possible, leur fonction, sublime entre toutes, de mère de famille et d'éducatrice.

CONCLUSIONS GÉNÉRALES

Bien que les questions passées en revue dans ce rapport soient nombreuses et fort complexes, je n'en reste pas moins convaincu que les matières sur lesquelles a porté mon travail sont loin, bien loin, d'être épuisées.

Beaucoup de ces questions n'ont été qu'effleurées, d'autres n'ont même pas été abordées, qui auraient cependant mérité d'être examinées avec soin.

Le temps, fort restreint, dont je pouvais disposer, ne m'a point permis, à mon grand regret, de donner, à ce travail, un développement plus étendu. J'ai dû l'écourter.

Je suis certain, cependant, que, tel qu'il est, il peut permettre au lecteur de se faire une idée suffisante des maux sociaux et de leurs principales causes qu'il a eu pour but de mettre en relief, ainsi que de la valeur et de la nécessité des remèdes que je propose pour les combattre.

Je me vois obligé de conclure.

Embrassant, dans une vue très sommaire, toutes les principales matières de mon étude, j'en poserai les conclusions générales sous la forme abrégée des considérants et des vœux ci-après. que je propose au vote du Congrès.

CONSIDÉRANTS ET VŒUX

Le Congrès du *Parti Républicain Démocratique,*

Considérant :

1° Que le développement du corps social français tend sans cesse à diminuer de plus en plus, que cinq fois, au cours des vingt dernières années, il a même subi une décroissance plus ou moins importante, qu'il y a là un grave sujet d'inquiétudes pour le temps présent et plus encore pour l'avenir, surtout en présence de l'accroissement, parfois énorme, des nations voisines, rivales ou hostiles à la France ;

2° Que cette *dépopulation* est déterminée, d'une part, par *l'abaissement continu de la natalité,* d'autre part, par *l'énorme mortalité,* due surtout à *l'alcoolisme* et à la *tuberculose,* chez les adultes, aux maladies du tube digestif, des voies respiratoires et à la débilité générale, dans la population infantile du premier âge, maladies engendrées, elles-mêmes, par l'ignorance ou l'inapplication, par la mère ou la nourrice mercenaire, des règles de la *puériculture physique,* non moins que par la misère de la mère ouvrière, de plus en plus accaparée par l'industrie, le commerce, etc., etc. ;

3° Que les principales causes de l'abaissement de la natalité se trouvent dans l'extension continue du *malthusianisme,* l'absence ou l'insuffisance d'un *Idéal moral et social,* le *célibat,* la déchéance du foyer domestique et de la famille, l'amour libre et le libertinage, l'amour excessif des plaisirs en général, et des plaisirs mondains en particulier, la dureté des conditions économiques et la cherté croissante de la vie, les difficultés plus ou moins grandes éprouvées par les familles nombreuses et la crainte excessive ou la terreur qu'inspirent les charges multiples dont elles sont ou peuvent être affectées ;

4° Que les principales causes de l'*énorme mortalité* découlent surtout de l'*ignorance notoire,* profonde et générale, de la salubrité et de l'hygiène, de l'hygiène alimentaire surtout, ignorance qui engendre l'alcoolisme, avec ses cortèges de maux variés, individuels et sociaux, de l'ignorance de l'*économie ménagère* et de la *puériculture rationnelle;*

5° Que la connaissance assez approfondie, théorique et pratique, et l'application consciencieuse de ces différentes sciences est éminemment propre, non seulement à combattre très efficacement la morbidité et la mortalité, mais encore à allonger la durée de la vie de chacun, à fortifier sa santé, à augmenter ses capacités et son énergie pour le travail, à améliorer la race, à rénover la vitalité et la fécondité, à assurer, enfin, un nouvel et vigoureux essor au développement de l'organisme social;

6° Que ceux qui ont assumé le soin et la responsabilité de diriger la France ont le devoir de s'efforcer de la guérir et de la préserver de tous ces maux extrêmement redoutables, ainsi que de lui assurer la jouissance de tous ces bienfaits;

Émet le vœu :

Que le gouvernement s'applique à réaliser tous ces *desiderata* par des mesures législatives ou autres appropriées, et notamment :

1° D'une part, en combattant le *célibat,* la *débauche* et le *libertinage,* toutes les formes du *malthusianisme,* les *causes* du divorce, etc.;

D'autre part, en protégeant les fillettes, les jeunes filles et les femmes en général, contre leur accaparement, de plus en plus envahissant, par l'industrie, le commerce, etc., etc., surtout, les femmes enceintes pauvres contre les travaux, excessifs pour leur état, qui leur sont imposés;

2° En faisant une *loi* qui oblige tous ceux qui emploient un certain nombre de femmes à créer, pour elles, à côté de leur travail, dès que le nombre de leurs enfants âgés de moins d'un an est de *cinq,* une *chambre d'allaitement* salubre, ou une *crèche,* où elles pourront venir allaiter leurs enfants de leurs seins, pendant un quart d'heure toutes les 2 ou 3 heures, et où ces enfants seraient gardés et bien soignés, par une femme spéciale et compétente, pendant que leurs mères travaillent;

3° En facilitant, dans tous les cas, l'*allaitement au sein,* et tous les *soins maternels* de la mère, de la *mère ouvrière* surtout, par tous les moyens appropriés;

4° En combattant l'*avilissement des salaires de la femme,* ainsi que les *causes de sa misère,* en général, et, tout particulièrement, les *salaires de famine* qui lui sont attribués pour le *travail à domicile;*

5° En facilitant et glorifiant comme il convient, la *célébration* des unions conjugales;

6° En *honorant particulièrement* la maternité, la fécondité, et favorisant les familles nombreuses, les nécessiteuses surtout;

7° En organisant, dans toutes les écoles de filles des divers degrés, l'enseignement théorique et pratique, progressif et complet, des *sciences et arts domestiques,* de la *salubrité* et de l'*hygiène,* ainsi que celui de la *puériculture intégrale rationnelle;*

8° En rendant ces enseignements *obligatoires* pour toutes les filles, et en s'assurant, par des examens spéciaux, théoriques et pratiques, qu'elles en possèdent solidement les principales connaissances;

9° En diffusant ou en provoquant et favorisant largement la diffusion de ces différentes sciences dans toute la nation, et, tout particulièrement, dans la masse des classes ouvrières, par tous les moyens appropriés, et, notamment, par la création de sortes d'*Universités sociales d'enseignement théorique et pratique de la salubrité et de l'hygiène,* des *sciences et arts domestiques, ainsi que de la puériculture intégrale rationnelle,* centres à la fois d'éducation et de secours, qui, bien organisés et complets, devraient comprendre, en outre de l'enseignement proprement dit :

A. Une consultation pour femmes enceintes, nourrissons et nourrices, avec distribution gratuite ou payée de laits contrôlés et garantis, à toute femme qui ne pourrait pas allaiter suffisamment son enfant de son sein;

B. Un *refuge-ouvroir de maternité* destiné spécialement aux femmes enceintes pauvres, sans domicile, où elles seraient recueillies et gardées, en faisant de menus travaux ou même sans travailler, pendant les derniers mois de leur grossesse et le premier mois après y avoir été accouchées;

C. Des *secours à domicile de grossesse et de nourrice* consistant en espèces, travaux faciles et convenablement rémunérateurs, objets de première nécessité, etc., pour les femmes malheureuses qui pourraient ou devraient, malgré tout, rester et faire leurs couches dans leur domicile;

D. Une *crèche* complétée d'une *garderie* et d'une *école maternelle*, ayant un jardin spécial pour les petits enfants qui ne peuvent pas encore fréquenter l'école primaire;

E. Un *musée* spécial et une *bibliothèque* contenant, l'un et l'autre, au moins toutes les choses élémentaires qui concernent les sciences et arts domestiques, la morale, la famille, la Patrie, la République, la salubrité, l'hygiène, la puériculture intégrale rationnelle, les professions locales et leurs apprentissages, les divers exercices militaires, les jeux olympiques et la *viriculture* en général;

La section spéciale du musée relative à l'hygiène devrait contenir les appareils et les matières de désinfection et servir à faire cette opération dans la localité ou la région;

Les appareils pourraient être prêtés ou loués.

Il serait très désirable que cette *Université sociale* soit, non seulement un centre de conférences et d'exercices pratiques, mais aussi un centre d'organisation :

1° De *cercles familiaux* où les mères et pères de famille pourraient se réunir et échanger les résultats de leurs observations et de leurs méditations sur les sciences et arts domestiques, la salubrité, l'hygiène, la puériculture, la viriculture, etc.;

2° D'*expositions,* de *concours,* de *propagande,* sous toutes formes, par conférences, brochures, tracts, etc., pour la vulgarisation de toutes les connaissances en question;

3° D'*encouragements* et de *récompenses,* pour les meilleures ménagères et les meilleures mères qui auraient élevé le mieux et le plus d'enfants;

4° D'*exercices militaires* et de *jeux olympiques,* avec *stade* et *stand*, piscine de natation, bains, etc., pour la puériculture des degrés supérieurs de l'enfance, c'est-à-dire pour la *viriculture* de l'adolescence et des âges supérieurs ;

5° D'une *caisse d'apprentissage* et d'un *comité de patronage* pour l'*apprentissage professionnel*, plus spécialement destiné aux divers travaux de la localité ou de la région.

Enfin, cette *Université sociale* devrait être, non seulement un *centre de bienfaisance* destiné à secourir, pécuniairement ou par divers dons en nature, ceux que la maladie ou l'infirmité a frappés ou qui sont tombés dans le malheur, la misère ou l'abjection, mais encore un *centre de relèvement moral et social*, où l'on s'efforcerait de les placer, de les maintenir dans la situation qui conviendrait le mieux à leurs aptitudes et qui leur permettrait de rendre encore le plus de services à la Société, au lieu de lui être *à charge* ou de lui *nuire*.

Les *infirmes* pourraient et devraient être *dressés* et *utilisés*, autant que possible, selon les capacités qui leur restent, au lieu d'être abandonnés à la *mendicité* et la charité publique.

Étant donné qu'un certain nombre de ces ressources existent déjà, autour de la mairie ou de l'école, telles que *bureau de bienfaisance, inspection des enfants* du premier âge, *bureau d'hygiène, école maternelle*, etc., il semble relativement facile de les synthétiser, avec celles qu'il reste à créer, dans l'ensemble qui deviendrait l'*Université sociale*.

Après discussion au sein de sa première commission, celle de l'enseignement, ainsi que dans sa séance du 18 juin 1913, le *Congrès*, adoptant toutes les conclusions formulées par le rapporteur, a émis, à l'unanimité, le vœu suivant qui constitue le titre même du rapport et qui en résume toutes les conclusions, à savoir :

« *Qu'il soit largement organisé, dans toutes les écoles de filles et dans le peuple, un enseignement théorique et pratique des sciences et arts domestiques de la salubrité et de l'hygiène, ainsi que de la puériculture intégrale et rationnelle, pour repeupler et régénérer la France*[1]. »

---

[1]. *Compte rendu des travaux du Congrès*, journal *L'Alliance républicaine démocratique*, n° du 22 juin 1913, p. 3.

TABLE ANALYTIQUE DES MATIÈRES

PREMIÈRE PARTIE

LES GRANDS MAUX DONT SOUFFRE LA FRANCE.

SECTION I. — PRINCIPALES CAUSES DE LA MORBIDITÉ ET DE LA MORTALITÉ : NIMIMORTALITÉ.

Chapitre I. — Mortalité des Adultes.

DEUXIÈME PARTIE

L'ÉDUCATION DOMESTIQUE DE LA FEMME A L'ÉTRANGER.

TROISIÈME PARTIE

L'ÉDUCATION DOMESTIQUE DE LA FEMME EN FRANCE.

SECTION I. — ÉCONOMIE MÉNAGÈRE

CHAPITRE I. **Enseignement primaire de l'économie domestique.**

CHAPITRE II. — **Les diverses répartitions**
de la population féminine active
dans les différentes branches de l'économie sociale.

Chapitre III. — **Instituts de puériculture infantile**.

SECTION III. — ESSAI SUR CE QUI RESTE A FAIRE POUR L'ÉDUCATION DOMESTIQUE DE LA FEMME, ETC.

Chapitre I. — **Considérations générales préliminaires**.

Chapitre II. — **Enseignement de l'économie ménagère**.

Chapitre III. — **Enseignement de la puériculture**.

Paris, Imprimerie Delagrave.

9 782016 167625